La paz de Dios

La paz de Dios

**30 DEVOCIONALES
para ayudarte a
encontrar descanso**

B&H
ESPAÑOL®
BRENTWOOD, TENNESSEE

La paz de Dios: 30 devocionales para ayudarte a encontrar descanso

Copyright © 2025 por BH Español
Todos los derechos reservados.
Derechos internacionales registrados.

B&H Publishing Group
Brentwood TN, 37027

Diseño de portada: Kristen Ingebretson

Clasificación decimal Dewey: 242.64
Clasifíquese: LITERATURA DEVOCIONAL \ VIDA CRISTIANA \ DESCANSO

Ninguna parte de esta publicación puede ser reproducida ni distribuida de manera alguna ni por ningún medio electrónico o mecánico, incluidos el fotocopiado, la grabación y cualquier otro sistema de archivo y recuperación de datos, sin el consentimiento escrito del autor.

A menos que se indique de otra manera, las citas bíblicas marcadas RVR1960 se tomaron de la versión *Reina-Valera 1960*® © 1960 por Sociedades Bíblicas en América Latina; © renovado 1988 Sociedades Bíblicas Unidas. Usadas con permiso. *Reina-Valera 1960*® es una marca registrada de las Sociedades Bíblicas Unidas y puede ser usada solo bajo licencia.

Las citas bíblicas marcadas NBLA se tomaron de la Nueva Biblia de las Américas (NBLA), Copyright © 2005 por The Lockman Foundation. Usadas con permiso.

Las citas bíblicas marcadas NTV se tomaron de la Santa Biblia, Nueva Traducción Viviente, © Tyndale House Foundation, 2010. Usado con permiso de Tyndale House Publishers, Inc., 351 Executive Dr., Carol Stream, IL 60188, Estados Unidos de América. Todos los derechos reservados.

ISBN: 978-1-0877-7118-2

Impreso en EE. UU.
1 2 3 4 5 * 28 27 26 25

Índice

Día 1	Descansa en Su cuidado — Ana Robinson	1
Día 2	El perdón de Jehová es mi esperanza — Ana Robinson	7
Día 3	Descansando en Él en medio de la angustia — Betsabé A. G.	13
Día 4	El Señor escucha tu oración — Ana Robinson	19
Día 5	Un alma que anhela a Dios — Angélica Rivera	25
Día 6	Espera en Dios — Angélica Rivera	31
Día 7	Amando la justicia y la misericordia — Angélica Rivera	37
Día 8	Confía, Él es bueno — Angie Gutiérrez	43
Día 9	La luz que trae paz — Angie Gutiérrez	49
Día 10	Guardados en completa paz — Angie Gutiérrez	55
Día 11	El efecto de la justicia — Keila Ochoa Harris	61
Día 12	El río de la paz — Keila Ochoa Harris	67

Día 13	Una vida de paz — Keila Ochoa Harris	73
Día 14	Jesús, nuestra salvación presente y futura — Emma J. Baldazo de Marín	79
Día 15	La paz que tu alma anhela — Pamela Espinosa	85
Día 16	Confía — Eunice Elizondo	91
Día 17	El Buen Pastor va adelante — Masiel Mateo	95
Día 18	Cuando el agobio y la ansiedad acechen tu corazón — Jenny Thompson de Logroño	101
Día 19	La paz en la permanencia en Cristo — Esther St. John	107
Día 20	La paz del Espíritu Santo en nosotros — Esther St. John	113
Día 21	Paz en la unidad con Dios — Esther St. John	119
Día 22	Quién es la verdadera paz — Susana de Cano	125
Día 23	Porque Dios nos ama, podemos tener paz — Susana de Cano	131
Día 24	Una mente renovada trae paz y esperanza en medio de la adversidad — Jenny Thompson de Logroño	137
Día 25	La paz de pertenecer a Dios — Dámaris Sosa	143
Día 26	Mi vida es Cristo — Liliana de Benítez	149
Día 27	Mi sentir es Cristo — Liliana de Benítez	155
Día 28	Mi paz es Cristo — Liliana de Benítez	161

Día 29   Ven a Él — Karen Garza.......................167

Día 30   Un tratamiento preventivo para el corazón
         — Jemima Dávila.............................173

Día 1

Descansa en Su cuidado

Ana Robinson

Lectura de hoy: Salmos 4

> En paz me acostaré, y asimismo dormiré;
> Porque solo tú, Jehová, me haces
> vivir confiado.
>
> *Salmos 4:8*

Es interesante que este salmo, tan profundo y lleno de dolor, fue escrito para cantarse en la congregación. El rey David desborda su tristeza y angustia en este salmo, y todos aquellos que lo cantamos o recitamos podemos hacer de estas palabras, las nuestras.

El tono del salmo es de súplica ante un dolor profundo. Probablemente el salmista estaba siendo perseguido, acusado injustamente, despreciado y rechazado. Y ahí precisamente, en medio de la oscuridad, el autor clama a Dios confiando que Él lo escuchará. Estas palabras han sido grabadas y preservadas a través de los siglos para que tú y yo podamos venir al trono de la gracia con confianza para pedir la ayuda de nuestro Señor (Heb. 4:16). El salmista comienza diciendo:

> Respóndeme cuando clamo, oh Dios de mi justicia.
> Cuando estaba en angustia, tú me hiciste ensanchar;
> Ten misericordia de mí y oye mi oración (Sal. 4:1).

Clamamos a Dios sabiendo que Él nos escucha y recordando que Él ya nos ha ayudado y socorrido en otras ocasiones. Y así como ya nos ha rescatado antes, Él puede volver a hacerlo. Porque Sus planes no pueden ser estorbados; no hay nada debajo del cielo que se esconda del poderío de nuestro infinito Dios. Así que, con confianza podemos decir que aún las tormentas más aterradoras y las situaciones más dolorosas en la vida del cristiano obran para su bien (Rom. 8:28).

En medio de este canto nos detenemos a pensar en los planes del malo: «Hijos de los hombres, ¿hasta cuándo volveréis mi honra en infamia, amaréis la vanidad, y buscaréis la mentira?» (Sal. 4:2). Los planes del hombre malo, al fin y al cabo, son los planes del mismo Satanás, el enemigo de Dios. En algunas ocasiones seremos atacadas y acusadas injustamente. Pero podemos estar tranquilas, porque la verdad saldrá a la luz y nuestro Padre celestial será el único que podrá juzgar nuestras acciones. Solo Él tiene derecho de calificarnos como culpables o inocentes. Así que busquemos presentarnos inocentes delante de Dios y esperemos que Él haga justicia.

Cuando los problemas nos acechan, cuando estamos en enfermedad, cuando hemos perdido a un ser querido, cuando somos traicionadas por un familiar o amigo muy cercano, cuando no somos vistas, valoradas y amadas, recordemos que nuestro Padre que está en los cielos ve nuestras necesidades (Mat. 6:25-32). Podemos venir a Dios con nuestras súplicas a solas, pero Él nos ha dado una familia de fe, una congregación con quien podemos presentarnos ante Dios con nuestros dolores, para que ellos también clamen por nosotras. Dios nos ha dado una familia en la iglesia local, para alentarnos y fortalecernos, para llorar con nosotras y abrazarnos en nuestros pesares.

¡Qué alentador es ver que David se dirigió primeramente a Dios en su dolor! Él sabía que la presencia de Dios estaba en todas partes y podía confiar que era escuchado. A. W. Tozer, en su libro *La búsqueda de Dios* nos exhorta a tener muy en cuenta la omnipresencia de Dios, el hecho de que no hay lugar donde no se encuentre la presencia de Dios: «Si Dios está presente en cada espacio en todo momento, si no podemos ir donde Él no está, si ni siquiera podemos imaginarnos un lugar donde Él no está, ¿por qué entonces esa presencia no se ha convertido en el hecho universalmente celebrado en este mundo?».[1] Nota el contraste del llamado al arrepentimiento que hace el salmista al hombre «malo» con la declaración acerca del hombre bueno:

> Sabed, pues, que Jehová ha escogido al piadoso para sí;
> Jehová oirá cuando yo a él clamare (Sal. 4:3).

Si hemos puesto nuestra fe en el Hijo de Dios, Jesucristo, para el perdón de nuestros pecados, entonces podemos decir confiadamente que estamos en el grupo de los escogidos de Dios. No fuimos escogidas porque Dios vio algo bueno en nosotras, sino porque Él decidió hacernos suyas. Y como hijas, el Señor tiene un especial cuidado de nosotras.

Este cuidado, a veces, no se verá de la manera que deseamos. Su cuidado se caracteriza por estar lleno de sabiduría, Él sabe qué es lo mejor para nosotras. Nuestra vida no es necesariamente una vida de comodidad o de placer, sino *una vida que refleja cada vez más el carácter de Cristo*. Si hemos recibido la adopción como hijas, entonces confiamos que Él tiene

---

1. A. W. Tozer, *La búsqueda de Dios*, 68.

Sus ojos puestos en nosotras y Él siempre escucha nuestras oraciones.

> Los elegidos de Jehová no serán condenados y sus oraciones no serán ignoradas. David fue rey por decreto divino y nosotros somos el pueblo de Dios de la misma manera... Oh amad(a), cuando te encuentras de rodillas, el hecho de ser adoptad(a) como el tesoro especial de Dios, debería darte valentía e inspirarte con fervor y fe.[2]

En los versículos cuatro y cinco del salmo, el autor llama a sus enemigos al arrepentimiento. Nuestro Dios quiere salvar a los pecadores que se encuentran muertos en sus concupiscencias. Así estábamos nosotras antes de que Él hiciera la obra de regeneración en nuestros corazones. Debe haber lugar en nuestro dolor para detenernos y pedir que Dios tenga misericordia y salve a aquellos que nos han hecho mal y debemos decir como Jesús: «Padre, perdónalos, porque no saben lo que hacen» (Luc. 23:34).

La oración en este salmo llega a su conclusión otra vez pidiéndole al Señor que preste atención a nuestra situación. Y, de nuevo, el salmista recuerda las bondades pasadas que el Señor ha tenido con él. Hermana, si te encuentras en angustia en este momento, ¿puedes detenerte a enumerar los actos

---

2. Charles H. Spurgeon, *The treasure of David*, Vol I, 35.

de bondad que Dios ha tenido contigo? Al suplicar al Señor que escuche tus oraciones y que acuda a tu rescate, al recordar que si estás en Cristo has sido escogida para Él, al pensar en las misericordias y la fidelidad de Dios en tu vida, entonces puedes descansar y decir con el salmista:

> En paz me acostaré, y asimismo dormiré;
> Porque solo tú, Jehová, me haces vivir confiado
> (Sal. 4:8).

Día 2
El perdón de Jehová es mi esperanza
Ana Robinson

Lectura de hoy: Salmos 32

Tú eres mi refugio;
me guardarás de la angustia;
Con cánticos de liberación me rodearás.
Salmos 32:7

El rey David comienza este salmo afirmando el significado de la verdadera bendición: «Bienaventurado» o «bendito» es aquel a quien se le han perdonado los pecados. El primer acontecimiento que tiene que suceder para que seamos contadas como bienaventuradas o entre quienes reciben la bendición del Señor es que nuestros pecados sean perdonados.

> Bienaventurado aquel cuya transgresión ha sido perdonada, y cubierto su pecado. Bienaventurado el hombre a quien Jehová no culpa de iniquidad, Y en cuyo espíritu no hay engaño (Sal. 32:1-2).

La bendición no se gana por cumplir con todas las normas, obedecer todas las leyes o seguir al pie de la letra cada regla, como si la bendición fuera un pago debido por nuestras buenas acciones. El ser contadas como mujeres bienaventuradas es un privilegio de quienes hemos sido perdonadas completamente por haber depositado nuestra fe en la vida perfecta de Jesucristo. Bendito Dios que envió a Su Hijo a pagar la deuda que nosotras no podíamos pagar. Ese intercambio entre nuestra vida y la de Cristo, ese perdón absoluto viene después de confesar nuestros pecados como dice 1 Juan 1:9: «Si confesamos nuestros pecados, él es fiel y justo para perdonar nuestros pecados, y limpiarnos de toda maldad».

Los siguientes versículos del Salmo 32 muestran la tremenda angustia en la que vivía el salmista antes de recibir este perdón: morando en sus pecados, consumiéndose en su maldad, carcomiéndose su cuerpo por su iniquidad:

> Mientras callé, se envejecieron mis huesos
> En mi gemir todo el día.

> Porque de día y de noche se agravó sobre mí
> tu mano;
> Se volvió mi verdor en sequedades de verano
> (Sal. 32:3-4).

Este salmo es considerado como penitencial, probablemente escrito después de que David confesara su pecado en el Salmo 51. El rey David, quien amó tanto a Dios y quien había experimentado la fidelidad y el cuidado especial del Señor, comenzó a imitar las prácticas inmorales de su tiempo. Pecando desenfrenadamente, y sin tener a quien rendir cuentas, su pecado fue en aumento hasta bajar tanto la guardia que llegó a cometer adulterio. Al intentar evitar las consecuencias de su pecado sexual, David fue maquinando y enredando una serie de mentiras y planes de encubrimiento hasta llegar a asesinar al esposo de Betsabé (2 Sam. 11).

El rey David, quien había sido llamado «un hombre conforme al corazón de Dios» cometió una maldad gravísima. A pesar de esto, Dios no quitó de David Su unción; el Señor le había prometido un reinado perpetuo y así lo cumplió. Al leer los pasajes que relatan toda la vida de David no podemos negar que él pecó de muchas maneras, y es difícil entender por qué Dios continuó siendo fiel a este rey que se había desviado tanto (1 Sam. 13:14; 2 Sam. 7:16; 11:27). Pero, ¡qué gran esperanza tenemos al ver que Dios tuvo misericordia de él! Al llamarlo al arrepentimiento a través del profeta Natán, David confesó su pecado, recibió el perdón y fue como si un peso le hubiera sido quitado de encima:

> Mi pecado te declaré, y no encubrí mi iniquidad.
> Dije: Confesaré mis transgresiones a Jehová;
> Y tú perdonaste la maldad de mi pecado
> (Sal. 32:5).

Cuando nos encontramos en angustia por una situación complicada con otra persona, no debemos desperdiciar el pesar en nuestros corazones. A veces, ese dolor y remordimiento es la gracia de Dios para con nosotras para llamarnos a cuentas con Él. En una situación específica, muchas veces tendemos a enfocarnos en el daño que nos han hecho; a pesar de eso esforcémonos por tomar en cuenta que muy probablemente nosotras también hemos pecado contra la otra persona y principalmente contra Dios.

Al vivir en este mundo caído, aún si ya hemos puesto nuestra fe en Cristo y si ya hemos recibido la adopción como hijas, somos nuevas criaturas. Pero aún vivimos en presencia de nuestro pecado y cada día debemos luchar contra nuestra carne (Rom. 7:19-25; 8:15; 2 Cor. 5:17). Pero recuerda, ¡qué gran bondad del Señor es el hecho de que podemos venir a Cristo y Él nos hace limpias! Él ha prometido perdonar a todo aquel que se arrepiente. Es mucho mejor venir al Señor con honestidad, porque Él ya conoce cada falta que hemos cometido contra Él. Nada puede ser ocultado de nuestro omnisciente Dios. Él conoce todo nuestro pecado. Así que no tengas miedo de venir a Él y pedir Su ayuda, Su perdón, Su lavamiento, Su purificación. Nunca es tarde.

David continúa este salmo declarando la libertad y seguridad experimentada al recibir el perdón de sus pecados:

> Por esto orará a ti todo santo en el tiempo en
> que puedas ser hallado;
> Ciertamente en la inundación de muchas aguas
> no llegarán estas a él.
> Tú eres mi refugio; me guardarás de la angustia;
> Con cánticos de liberación me rodearás
> (Sal. 32:6-7).

¿Puedes ver el cambio de sentir? El autor pasó de albergar un terrible pesar a experimentar una paz completa. Él recibió esa paz que solo puede tenerse cuando estamos en completa comunión con Dios, sin nada que estorbe de por medio. Podemos estar pasando por tormentas externas, pero si tenemos paz con Dios, tenemos esperanza que las pruebas y dolores de este mundo son solo temporales. Si no sabes cómo confesar tus pecados por vergüenza, encuentra una hermana madura en la fe en tu iglesia local, ora a Dios para rendir cuentas, arrepentirte, recibir Su gracia y podrás ver cómo tu alma recibirá el alivio que necesita (Rom. 5:1; Sant. 5:16).

Este salmo concluye exhortándonos a buscar la sabiduría: escuchemos el consejo y la corrección, odiemos nuestro pecado y rindámoslo a los pies de Cristo. Y así, con confianza, alegrémonos con el salmista por la paz que hemos encontrado en el perdón de nuestros pecados:

> Muchos dolores habrá para el impío;
> Mas al que espera en Jehová, le rodea la
>   misericordia.
> Alegraos en Jehová y gozaos, justos;
> Y cantad con júbilo todos vosotros los rectos de
>   corazón (Sal. 32:10-11).

Día 3
Descansando en Él en medio de la angustia
Betsabé A. G.

Lectura de hoy: Salmos 37

Guarda silencio ante Jehová, y espera en él.
No te alteres con motivo del que
prospera en su camino,
Por el hombre que hace maldades.
Deja la ira, y desecha el enojo;
No te excites en manera alguna
a hacer lo malo.
Salmos 37:7-8

> Pero la salvación de los justos es de Jehová,
> Y él es su fortaleza en el tiempo
> de la angustia.
> Jehová los ayudará y los librará;
> Los libertará de los impíos, y los salvará,
> Por cuanto en él esperaron.
> *Salmos 37:39-40*

¿Quién mejor que un hombre como David para dejarnos estos consejos en el Salmo 37 a nosotros los creyentes? Un hombre que, a pesar de sus debilidades, en medio de persecución, peligro de muerte y angustia pudo descansar en el cuidado y amor de Dios. Experimentó el perdón, la gracia, el amor y la paz de Dios. ¡David! ¡David! ¡Qué difícil ha sido guardar silencio cuando estamos rodeado por injustos! Qué difícil ha sido esperar cuando el hombre maquina maldad contra quien dispone en su corazón llevar una vida piadosa. Pero también qué gozo es saber que Jesús ya lo hizo todo para librarnos, para salvarnos, para tener esperanza y paz en Él cuando decidimos confiar en Sus promesas.

A principios del 2024 un suceso imprevisto llegó a convertirse en una tempestad para mi familia y para mí. Pero, a pesar de todo, hemos experimentado la paz de Dios en medio de la angustia. Cada día comenzaba con la expectativa de lo que sucedería, porque teníamos que permanecer alerta de quién o qué auto se estacionaba fuera de casa. Fueron días en los que veía a oficiales buscando a mis seres queridos. Pasaba preguntándome el *porqué* del problema que enfrentábamos, hasta descubrir que debido a maquinaciones de personas que no temen al Señor, fuimos involucrados indirectamente en algo sumamente delicado. Todo era como estar en medio del mar con olas gigantes. Y cuanto más veía cómo esas personas hacían lo posible para que sus maquinaciones funcionaran, creo que mayor era ese pensamiento y cuestionamiento de *por qué*, a pesar de lo que estaban haciendo, ellos lucían tranquilos, otros se mostraban desafiantes y aún otros se mofaban de los que más amo. Consideré reclamar a Dios: *¿Por qué* razón las dos personas que amo están sufriendo y son involucrados en mentiras hasta correr el riesgo de perder sus vidas? Tanto es así que llegué a vernos como cuando Saúl manda vigilar y rodear la casa de David (Sal. 59).

¿Por qué, si no teníamos nada que ver, nos veíamos obligados a desgastar nuestras fuerzas, emociones y espíritus? ¿Por qué ellos podían gozar de tener puestos altos y fomentar mentiras? ¿Por qué las personas que nos metieron en esto podían ir por la vida tranquilamente? ¡Sí! ¿Lo ves? No somos diferentes de David o Asaf (que también se cuestionó acerca de los malos). Mi debilidad, mi carne, mi naturaleza pecaminosa salió a relucir. Lo cual también me llevó a pedir perdón al Señor. Pero profundicemos juntas en el Salmo 37, sobre todo en los versículos 7-8 y 39-40, y para eso te recomiendo que leas todo el capítulo. Puedo ver cómo este salmo llegó justo a tiempo a mi vida y sé que llegará también a tiempo a la tuya.

En los versículos 7-8 David nos exhorta a guardar silencio y esperar en Él, nos aconseja confiar en Aquel que tiene el control de todo. Dios se encarga de aquellos que procuran nuestro mal. Él orquestó todo mucho antes de que todo fuera, así que ninguna de nuestras situaciones se le escapará de las manos. Recordémosle a nuestro corazón constantemente que Él prometió estar con nosotros todos los días hasta el fin (Mat. 28:20).

El guardar silencio se refiere a que tomemos descanso en Él; es dejar de lado nuestra propia defensa y someterse a la voluntad de Dios. Eso conlleva no juzgar las situaciones que el Señor permite para que crezcamos en la fe. El Cordero de Dios se mantuvo callado ante falsas acusaciones, soportó hasta el final en obediencia al Padre para el perdón de nuestros pecados; ni siquiera eran Sus pecados sino que eran los tuyos y los míos, querida hermana.

David también nos dice sabiamente que dejemos la ira, el enojo, la angustia, la preocupación. Todo eso es lo contrario a deleitarse en el Señor, a esperar en Él pacientemente. Es lo opuesto a descansar en nuestro Padre. No nos ceguemos por lo que nos abruma en este mundo, dejemos que la verdad del evangelio sea suficiente a nuestras vidas en medio de la angustia. Arraiguemos nuestros corazones en la Roca, esto evitará que hagamos lo malo, evitará que caigamos en desobediencia.

En los versículos 39-40 mi corazón pudo retomar aliento al ver cómo David cierra este salmo. Esta es la alabanza y el aliento que un pecador dejó a otros pecadores que vendrían después (sí, tú y yo). David nos trae a la mente y al corazón este importante y constante recordatorio: que la salvación proviene de Jehová, y que Él es nuestra fortaleza en el tiempo de la angustia. El Espíritu Santo, a través de David, nos resalta esa confianza fundamental que los justos encuentran en Dios: tienen su lugar en Él por su confiado amor por el Señor, gracias a la obra de Cristo.

> Jehová ha oído mi ruego;
> Ha recibido Jehová mi oración.
> Se avergonzarán y se turbarán mucho todos
>   mis enemigos;
> Se volverán y serán avergonzados de repente
>   (Sal. 6:9-10).

Así como David nos muestra anticipadamente la salvación de Dios, así nosotros descansemos en Su amor eterno y salvación en Cristo, pues Él es vencedor sobre todo. Mi oración para ti y para mí es la siguiente: «Señor, que mi corazón permanezca arraigado en Ti, descansando en la Verdad. Perdona si en medio de la angustia he demostrado lo contrario a esa verdad. Hoy decido someter mi corazón y voluntad a la tuya. Que Tu paz reine en medio de la tormenta. Gracias Jesús, porque en Ti todas las cosas son hechas. Amén».

Día 4
El Señor escucha tu oración
Ana Robinson

Lectura de hoy: Salmos 39

Oye mi oración, oh Jehová,
y escucha mi clamor.
No calles ante mis lágrimas...
Salmos 39:12a

Cuando te encuentras en problemas, ¿a quién acudes? ¿En dónde buscas ayuda? ¿Quién te ofrece paz? Debo confesar que cuando no encuentro la solución a una situación confusa, cuando estoy en desacuerdo con alguien cercano a quien amo, cuando no sé qué decisión tomar o cuando no encuentro la salida a un problema, muchas veces no me dirijo inmediatamente a pedirle ayuda a Dios. A veces, es mucho más fácil para mí distraerme con algún tipo de entretenimiento o actividad cotidiana e ignorar el problema. En otras ocasiones, es intuitivo olvidarme del asunto pensando que se va a resolver por sí solo, para luego darme cuenta de que soy yo la que tengo que enfrentarme a él.

El salmista comienza este salmo diciendo que él guardó silencio delante de sus enemigos. Él no dio lugar a la queja o a las palabras ofensivas cuando se encontraba en aprietos, sino que hizo lo correcto:

> Yo dije: Atenderé a mis caminos,
> Para no pecar con mi lengua;
> Guardaré mi boca con freno,
> En tanto que el impío esté delante de mí
> (Sal. 39:1).

Es importante guardarnos de pecar con nuestra lengua, ya sea al revelar asuntos a quien no corresponde, quejarnos, ofender o criticar. Debemos ser muy cuidadosas con lo que decimos, porque la lengua puede destruir (Sant. 3:8). Aquí el salmista hizo lo correcto al guardarse de la tentación de cometer un pecado si se apresuraba a responder (pecado de comisión). Pero, además, dice que él también erró al prolongar su silencio. De igual manera, es posible pecar al no decir lo que debemos decir (pecado de omisión). Y eso es precisamente de lo que se lamenta el rey David en el siguiente versículo:

> Enmudecí con silencio, me callé aun respecto de
> lo bueno;
> Y se agravó mi dolor (Sal. 39:2).

Frente a un conflicto o desacuerdo, muchas veces he errado tratando de ignorar el problema. Lo que debería hacer es: detenerme a meditar sobre cuál fue la falta (mía o del otro), buscar sabiduría de Dios a través de Su Palabra, venir a Él en oración pidiéndole que examine mi corazón, arrepentirme de las ofensas que yo cometí, disculparme cuando fallé, comunicarme claramente, perdonar las ofensas recibidas y buscar una solución. Esto, muchas veces, debería guiarnos a restaurar una relación quebrantada, en la medida de lo posible. La restauración es compleja y depende de muchos factores, y a pesar de que tal vez la situación no pueda ser restaurada, aun así lidiar con el conflicto bíblicamente proveerá paz a nuestro corazón. Lamentablemente, yo también he pecado de omisión al no hablar lo que debo.

En nuestro caminar con el Señor, es importante que distingamos entre usar nuestra lengua para bien o para mal. Debemos ser muy cautelosas y venir constantemente al Señor pidiéndole que examine nuestros corazones y quite todo pensamiento que no le agrada, para que no pequemos contra Él. Debemos alimentarnos de Su Palabra constantemente para que del tesoro guardado en nuestros corazones salgan palabras de vida, palabras que construyen y no palabras que destruyen (Sal. 119:11; Mat. 12:35).

Quiero invitarte a reflexionar en cómo el Señor nos ha dado dos medios para comunicar nuestros pesares y angustias: la oración y las amistades con otras mujeres sabias de la iglesia local. En este salmo, el rey David está comunicando que tiene un gran dolor y que, entre más se lo guardó, entre más calló, más y más creció su dolor:

> Se enardeció mi corazón dentro de mí;
> En mi meditación se encendió fuego,
> Y así proferí con mi lengua (Sal. 39:3).

Y aquí, en medio de su dolor, el rey David interrumpió su silencio para comenzar a decirle al Señor cuán angustiado se encontraba. El rey David, el ungido de Dios, pasó por persecución, desprecio, peligro de muerte en múltiples ocasiones, tentaciones, él mismo pecó innumerables veces y sufrió las consecuencias de sus pecados; aun así, el Señor no quitó de él Su vista y David continuó confiando en el Señor. Prestemos atención al tono de profundo dolor de sus palabras:

> Hazme saber, Jehová, mi fin,
> Y cuánta sea la medida de mis días;
> Sepa yo cuán frágil soy.
> He aquí, diste a mis días término corto,
> Y mi edad es como nada delante de ti;
> Ciertamente es completa vanidad todo hombre
>   que vive. *Selah*
> Ciertamente como una sombra es el hombre;

> Ciertamente en vano se afana;
> Amontona riquezas, y no sabe quién las recogerá
> (Sal. 39:4-6).

La vida es corta y nuestras penas son temporales para aquellos que estamos en Cristo. Si has puesto tu fe en Cristo para el perdón de tus pecados, entonces has sido adoptada como hija y puedes tener confianza que Dios no ha quitado Su Espíritu de ti (Ef. 1:13-14).

Al hacerte una nueva criatura, nuestro Dios ha prometido nunca dejarte (Heb. 13:5). Su amor está presente en tu vida aún si te encuentras pasando por las pruebas más dolorosas. ¡Ten confianza en que Dios está actuando incluso en medio de esta situación! (Rom. 8:35-39). Me da aliento ver cómo este párrafo lleno de desesperanza y angustia termina e inmediatamente es como si un peso le fuera quitado de encima al autor. Confiesa su dolor, derrama su pesar ante Dios, rompe su silencio en oración y, al poner sus ojos en el carácter de Dios, un alivio comienza a llenar el corazón y las palabras del salmista:

> Y ahora, Señor, ¿qué esperaré?
> Mi esperanza está en ti (Sal. 39:7).

Es como decir: «No tengo otra ayuda más que Tú, mi Señor». Y es ahí precisamente cuando nuestra fe crece, cuando somos vaciadas de confiar en cualquier recurso que esta vida nos puede ofrecer: salud, finanzas, educación, aún nuestra familia. Cuando el

Señor es nuestro único refugio y toda nuestra fuerza es cuando nos hacemos fuertes. Es bueno tener recursos a nuestra disposición, que Dios nos da para Su gloria; pero cuando la vida se pone difícil, debemos venir al Señor confiando que Él nos oye. Y que aún en nuestro dolor, le rindamos el honor a nuestro Rey.

Querida lectora, puedes venir a Cristo con confianza en cada situación y pesar que se alberga en lo más profundo de tu corazón. Él quiere conocer tu dolor y quiere escuchar tus oraciones. Medita en las palabras del rey David y busca que sean tuyas:

> Oye mi oración, oh Jehová, y escucha mi clamor. No calles ante mis lágrimas... (Sal. 39:12a).

Día 5
Un alma que anhela a Dios
Angélica Rivera

Lectura de hoy: Salmos 42

Como el ciervo anhela las corrientes de agua,
Así suspira por Ti, oh Dios, el alma mía.
Mi alma tiene sed de Dios, del Dios viviente;
¿Cuándo vendré y me presentaré
delante de Dios?
Salmos 42:1-2, NBLA

En este salmo vemos el corazón de David al descubierto, mostrándonos su agonía y sed del alma que le lleva a gemir por Dios. En 1677, un joven pastor de 27 años llamado Henry Scougal escribió una carta titulada *La vida de Dios en el alma del hombre*, donde decía: «La nobleza y excelencia de un alma se mide por el objeto de su amor».[1] Lo que amamos, anhelamos y en lo que nos deleitamos es lo que revela el estado de nuestra alma. El corazón humano es conocido por sus deleites. El hombre superficial se deleita en cosas superficiales, el puro en cosas puras. Así que, el alma más excelente es aquella que ama al único Ser que sobrepasa toda excelencia y grandeza, nuestro Dios, *Yahweh*, el gran *Yo soy*. La mayor nobleza que puede tener alguien es atesorar a Dios y deleitarse en Él por sobre todas las cosas.

Aunque en mi país no tenemos ciervos, pude investigar que este animal se caracteriza por padecer una sed casi constante y, de no consumir el agua necesaria, puede perder la vida fácilmente. Así que, cuando está sediento, gime haciendo un fuerte ruido, clamando, anhelando, gritando por esa agua que tanto necesita. Este gemido sale del fondo de sus entrañas.

David se identificó con el ciervo cuando se encontraba en un estado de gran necesidad, al sentir una sed apremiante por el Dios vivo. Necesitaba estar cerca de Él, lo anhelaba con desesperación. David escribe este salmo en medio de una profunda

---

1. Henry Scougal, *La vida de Dios en el alma del hombre*, trad. Editorial Legado Bautista Confesional, 20.

aflicción, la misma que está relatada en 2 Samuel 15, cuando se ve obligado a huir de Jerusalén junto con su familia y servidores, a fin de escapar de su hijo Absalón, quien lo buscaba para quitarle la vida y tomar su trono. En su huida, David atraviesa el torrente de Cedrón (en ese momento un riachuelo casi seco por el verano) y es allí cuando viene a su mente la imagen del ciervo que gime con angustia por el agua, como un símil de su angustia y sed de Dios, en medio de la profunda aflicción que estaba atravesando al ser traicionado por su hijo.

En 1 Samuel 15, la Biblia nos relata que David subió la cuesta de los Olivos llorando, en gran aflicción. David escribe el Salmo 42 derramando su corazón ante Dios, su única esperanza y refugio, anhelando estar en Su presencia, adorándole. David tenía una relación cercana con Dios. No se trataba de hacer un devocional, marcar tarjeta o sacar tiempo forzado para cumplir un deber. Era una devoción que provenía de un corazón que anhelaba con pasión estar con Dios antes de iniciar el día, en medio de sus tiempos buenos y malos, en medio de sus afanes, en todo tiempo. Su mejor momento era cuando podía estar junto a Dios, y por esto David se pregunta cuándo llegaría el momento de presentarse delante del Dios vivo.

Al conocer el ejemplo de David, me pregunto si mi sed y amor por Dios tiene la misma intensidad que la de David, porque si no es así debo arrepentirme, ya que el mandato es bien claro: «Amarás al Señor tu Dios con todo tu corazón, y con toda tu alma, y con toda tu mente. Este es el primero y grande mandamiento» (Mat. 22:37-38). Es decir que si Dios no es lo que más anhelo, estoy pecando. La lista de distracciones en nuestra vida puede ser interminable, porque buscamos llenar nuestra sed con cosas que no necesariamente son malas, como el servicio en el ministerio, el ejercitarnos, los amigos o la familia. Buscamos saciarnos con cosas que nos dejan aún más sedientos, porque solo Dios sacia nuestra sed y satisface nuestra alma.

Es apremiante averiguar cómo está nuestra condición espiritual hoy. Todos estamos sedientos, pero ¿de qué estamos sedientos? ¿Con qué buscamos llenar nuestro vacío? ¿Estamos sedientos de Dios? Alguien podría servir en el ministerio y no tener sed de Dios, o estar asistiendo a la iglesia para llenar su vacío, sin atesorar y amar a Dios. Lo triste es que vivir buscando llenar nuestra sed con otras cosas fuera de Dios nos dejará aún más secos. En muchas ocasiones estamos bebiendo tantas aguas que no sacian, que tenemos el alma agrietada.

> Porque dos males ha hecho mi pueblo: me dejaron a mí, fuente de agua viva, y cavaron para sí cisternas, cisternas rotas que no retienen agua (Jer. 2:13).

Si te has dado cuenta de que no tienes esa sed por Dios, puedes hacer lo siguiente:

1. *Arrepentirte de tu pecado.* Ve a Dios y confiesa tu pecado con la firme determinación de hacer cambios en el manejo de tu tiempo. Debemos arrepentirnos de nuestra pereza espiritual y pedirle a Dios que nos permita amarlo y añorarlo como Él merece. Quizás, en un inicio, no tengamos el deseo de sacar el tiempo para estar con Dios porque llevamos vidas tan ajetreadas y con tantas distracciones, que parar para aquietar nuestras almas y agendas nos costará mucho, pero a pesar de que en un principio no tengamos el deseo, debemos disciplinarnos y agendar este tiempo cada día para estar en Su presencia, donde hay plenitud de gozo.

2. *Asigna un tiempo dentro de tu día para estar con Dios.* Lo que no se agenda y planifica no se hace, y la verdad es que siempre tenemos tiempo para hacer las cosas que queremos y amamos.

3. *Rinde cuentas* a alguien maduro en la fe para que te pregunte y ayude a crecer en esta área.

4. *No dejes de orar* intensa y constantemente a Dios para que te dé amor por Él. Continúa orando hasta que lo consigas.

5. Si fallas, *pide perdón y sigue adelante.*
A. W. Tozer oró de esta manera: «Oh Dios, he gustado Tu bondad y me he satisfecho, pero al mismo tiempo estoy sediento por más, estoy dolorosamente consciente de mi necesidad de más gracia, me avergüenza mi falta de deseo,

oh trino Dios, yo quiero querer más de Ti, estoy sediento de que me hagas más sediento aún».[2]

Mientras más conozcamos a Dios, más crecerá nuestro amor por Él. No lo amamos lo suficiente porque no lo conocemos. Él es el ser más interesante, grandioso, extraordinario y excelente que existe. El problema no es Dios, somos nosotros.

---

2. A. W. Tozer, *Lo mejor de A. W. Tozer*, Libro I, comp. por Warren W. Wiersbe (Grand Rapids, MI: Editorial Portavoz, 2017), 22-23.

Día 6

Espera en Dios
Angélica Rivera

Lectura de hoy: Salmos 43

¿Por qué te abates, oh alma mía,
Y por qué te turbas dentro de mí?
Espera en Dios; porque aún he de alabarle,
Salvación mía y Dios mío.
Salmos 43:5

David escribe el Salmo 43 en medio de una gran angustia. Él huía de su hijo Absalón, quien quería matarlo y tomar el reinado de Israel. Su alma estaba afligida y su vida corría peligro, añadiéndose el dolor de la traición de un ser amado, por quien hubiese estado dispuesto a dar su vida.

David es tan sincero con Dios que le expresa su sentir abiertamente, al decirle que se siente olvidado y desechado por Él. Me imagino que David no podía comprender lo que Dios estaba haciendo. No entendía por qué estaba permitiendo que gente mala e inicua lo afrentaran. Sus enemigos lo oprimían y le preguntaban dónde estaba su Dios.

Con frecuencia, también podemos identificarnos con David cuando tenemos que pasar por situaciones dolorosas que nos abruman y cuando sentimos que la oscuridad es tan densa como si estuviéramos dentro un túnel sin salida. Yo aún puedo recordar cuando nos tocó atravesar la muerte de nuestro primer bebé con dos días de nacido y escuchar a personas a nuestro alrededor preguntarnos: ¿Cómo Dios pudo permitir que dos hijos suyos, que lo aman y están dedicados al ministerio atraviesen una prueba tan difícil y sientan un dolor tan grande? ¿Dónde estaba Dios?

Recuerdo que en ese momento solo podía repetirme: «Alma mía, recuerda que Dios es bueno». Me recordaba a mí misma que, aunque no podía verlo a través de mis circunstancias, lo que había conocido de Dios en la luz, era real. Así que le repetía a todos los que me visitaban que Dios era bueno, a fin de que nadie dudara de Su bondad y también como un recordatorio para mi alma. Yo necesitaba tener presente que, aunque esta circunstancia parecía indicar que Dios era malo, Él es Dios soberano y hace lo que le place. Él no tiene que pedirme permiso a mí ni me debe nada. Él es dueño de todo lo que tengo y puede decidir quitarlo cuando Él quiera, sin pedir permiso. Aún mi propia vida es un préstamo, mis hijos, bienes, todo es de Él. Al final, ¿quién soy yo para no sufrir? Si Dios no escatimó llevar a la cruz a Su propio Hijo, ¿por qué yo no sufriría?

En ocasiones, no es a nosotras a quienes nos toca pasar directamente por la tribulación, sino que sufrimos por el dolor de otros. Hace unas semanas lloramos junto a una familia de la iglesia que perdió a su hijo de dos años, también lloramos junto a una amada hermana que perdió a su esposo por una enfermedad degenerativa que le fue quitando sus destrezas motoras. A esto se añaden incontables situaciones dolorosas y difíciles que ayudamos a atravesar diariamente, al estar involucrados en el ministerio de consejería de nuestra iglesia local.

Ciertamente este es un mundo de dolor, como expresa Job: «Pero como las chispas se levantan para volar por el aire, así el hombre nace para la aflicción» (Job 5:7). Pero Jesús afirma en Juan 16:33: «En el mundo tendréis aflicción; pero confiad, yo he vencido al mundo». Así que podemos sufrir de una manera diferente de los que no tienen a Cristo, porque sabemos que Dios está a nuestro favor, que Él nos fortalecerá en medio del dolor, Él permitirá que todo lo que nos pase nos lleve más cerca de Él y ese es nuestro mayor bien (Rom. 8:28).

Debemos aprender a hablarle a nuestra alma palabras de verdad. David se predicaba a sí mismo, se preguntaba el porqué de su angustia y abatimiento y le mandaba a su alma esperar en Dios, sabiendo que tendría la oportunidad de alabarlo una vez más, porque Él era su roca de refugio y salvación. En Él podemos sufrir con esperanza.

Nuestra alma debe recordar que este mundo no lo es todo. Es solo la antesala de nuestra verdadera vida. Nuestra patria y ciudadanía es la celestial y, por eso, Pablo podía afirmar con tanta autoridad que todas las tribulaciones de este mundo eran tan leves y momentáneas en comparación a lo que Dios tiene reservado para nosotros.

> Por tanto, no desmayamos; antes, aunque este nuestro hombre exterior se va desgastando, el interior no obstante se renueva de día en día. Porque esta leve tribulación momentánea produce en nosotros un cada vez más excelente y eterno peso de gloria; no mirando nosotros las cosas que se ven, sino las que no se ven; pues las cosas que se ven son temporales, pero las que no se ven son eternas (2 Cor. 4:16-18).

Cualquiera que sea la situación por la que estás atravesando hoy o la que te tocará atravesar, el llamado es a esperar y confiar en Dios. Todo en nuestra vida es orquestado y permitido por Dios, y bueno para nosotros, aunque no lo entendamos o nos parezca malo. Debemos hablarle a nuestra alma y cobrar ánimo en Dios, porque de Él solamente viene nuestra salvación y esperanza. ¿Y si las más profundas pruebas de este mundo son parte de Su misericordia al permitirnos conocer a Dios de una manera que jamás nos imaginamos?

Le digo a mi alma: «Alma mía, espera en Dios». Aunque no entiendas nada o, aunque sientas que Él está lejos, espera en Dios. Él es bueno y para siempre es Su misericordia. No dudes de Su amor por ti. Ya Su obra en la cruz fue suficiente para mostrarte Su incomprensible amor.

¿Qué le estás hablando a tu alma hoy?

Día 7
Amando la justicia y la misericordia
Angélica Rivera

Lectura de hoy: Salmos 72

Oh Dios, da tus juicios al rey,
Y tu justicia al hijo del rey.
Él juzgará a tu pueblo con justicia,
Y a tus afligidos con juicio.
Salmos 72:1-2

El rey David escribe este salmo y se lo dedica a su hijo Salomón, su sucesor al trono en el reino de Israel. David ora conociendo que, como rey terrenal, tenía la enorme responsabilidad delante de Dios de sancionar y juzgar al pueblo, promulgando las leyes por las que este se iba a regir. El rey era el líder militar en las guerras con otras naciones, el encargado de lidiar con las injusticias del pueblo, el administrador de los recursos de la nación y, para esto, contaba con un gran poder delegado por Dios. Por esta razón, debía ser justo, honesto y objetivo para ejercer un reinado agradable a Dios y de beneficio para la nación.

Los reyes estaban involucrados en desafíos para los que sus fuerzas, recursos y capacidad no eran suficientes; por eso, muchos hacían alianzas con reyes de otras naciones con el fin de sentirse más seguros. Sin embargo, en este salmo David reconoce que necesita pedir a Dios ayuda para poder reinar con Sus juicios, los cuales son verdaderos y justos. Él clama a Dios por Su justicia y sabiduría sobre el rey, en reconocimiento de su necesidad para llevar a cabo sus labores y conociendo que solo en Sus preceptos encontraría paz y dicha.

David, como un buen padre y un rey lleno de experiencia, y con una relación cercana a Dios, sabe cómo orar. Notamos que no pide para su hijo una vida tranquila, riquezas, grandes castillos, victorias en las batallas o el aplauso de la gente, sino que clama a Dios que le otorgue Sus juicios y justicia, a fin de realizar la labor con justicia y equidad, y así socorrer al necesitado. Este deseo de vivir con justicia, misericordia y defendiendo la causa del necesitado no es solo para los reyes y gobernantes. Dios nos ha dejado muy claro lo que es bueno y lo que pide de nosotros:

> Oh hombre, él te ha declarado lo que es bueno, y qué pide Jehová de ti: solamente hacer justicia, y amar misericordia, y humillarte ante tu Dios (Miq. 6:8).

La justicia, humildad y misericordia no son virtudes que manifestamos de manera natural, ya que, debido a nuestra naturaleza caída, somos egoístas, buscamos nuestros propios intereses, antes que los de los demás. En ocasiones, servimos a la gente buscando algún beneficio y damos de lo que nos sobra, haciéndonos insensibles ante la necesidad de los que están a nuestro alrededor.

Así que la oración de David, rogando a Dios que le conceda Sus juicios y un corazón justo para socorrer al afligido, debería de ser nuestra petición también. Necesitamos un nuevo corazón que sea generoso, que se goce en hacer justicia, que defienda al oprimido y que comparta lo que tenemos con otros. Nos encanta que sean generosos con nosotros y ser tratados con misericordia, pero no estamos tan preparados para hacer lo mismo con los demás.

El corazón del ser humano se ha corrompido y, al igual que en los tiempos del rey David, hoy muchos llegan al poder con ansias de enriquecerse, ser aplaudidos y obtener beneficios, dispuestos a pagar cualquier precio, ya sea pisoteando a los demás, haciendo fraudes, tergiversando las cuentas o hablando mentiras. El poder ciega el corazón de muchos y olvidan que cada gobernante es puesto como representante de Dios para servir al pueblo y que dará cuentas por la manera en la que ejerce su labor. Un día Dios hará justicia y juzgará a aquellos que han vivido en maldad y engaño. Él no es ciego ni sordo al clamor del necesitado.

Es lamentable, pero los gobiernos de este mundo están llenos de corrupción, y a diario escuchamos de más casos de maldad, fraudes e injusticias. En tiempo de elecciones, cuando nos toca elegir presidentes, nos encontramos con la triste realidad de escoger al «menos malo». Escuchamos muchas promesas en el tiempo de campaña, pero luego vemos que muchas de ellas son falsas y se desvanecen según la conveniencia humana. Toda esta maldad nos hace anhelar el Reino verdadero del gran Rey. Aún David y Salomón, quienes fueron buenos reyes, también fallaron en ser justos siempre. Al igual que nosotros, ellos eran pecadores, que no pudieron cumplir con las demandas de la ley de Dios. Pero Cristo es el único Rey que juzgará con completa justicia. Él defenderá la causa del desvalido y consolará al afligido. Él es el único que ofrece real salvación y un día aplastará por completo a todos Sus enemigos.

Hoy parece que el malo prospera y que nadie lo impide, pero un día Dios pedirá cuenta por cada obra realizada. Él ha visto cada injusticia hecha y no dejará que el malo salga sin su debida retribución. Un día toda rodilla se doblará y confesará que Cristo es el Señor (Fil. 2:10-11) y llegará el lloro y el crujir de dientes (Mat. 13:50), al ser arrojados a un lugar de tormento eterno por no querer arrepentirse de sus pecados. Ahora gozan de prosperidad, pero su fin será muy amargo y los que esperamos en Dios nos gozaremos en verdad al contemplar Su justicia y misericordia derramada a nuestro favor. Por esto este salmo puede terminar de la siguiente manera:

> Bendito Jehová Dios, el Dios de Israel,
> El único que hace maravillas.
> Bendito su nombre glorioso para siempre,
> Y toda la tierra sea llena de su gloria.
> Amén y Amén (Sal. 72:18-19).

Las injusticias que vemos a diario nos llevan a anhelar el reinado del Rey de reyes. ¡Ven pronto, Señor Jesús! (Apoc. 22:17). Y entre tanto regresa, mi oración es que nos ayude a vivir de una manera que le agrade, caminando en humildad ante Él, con obras de justicia y misericordia que muestren a un mundo perdido la esperanza gloriosa que nos espera.

Día 8
Confía, Él es bueno
Angie Gutiérrez

Lectura de hoy: Salmos 119:65-72

Bueno eres tú, y bienhechor;

Enséñame tus estatutos.

Salmos 119:68

El Salmo 119 es el salmo que intencionalmente habla y exalta lo maravillosa que es la Palabra de Dios y todos los beneficios que nos esperan al leerla, meditarla y guardarla. Y el mayor de esos beneficios es Dios mismo. Algo muy interesante en todo el Salmo 119 es que el salmista siempre apela a la obra del Espíritu Santo para poder ser vivificado, para que sus ojos sean abiertos, para entender, para inclinar el corazón a Él, para guardar Su Palabra, para disfrutarlo a Él y así no pecar contra Él. «**El anhelo supremo del salmista era conocer a Dios mismo y deleitarse en Él,** y valorar el conocimiento de Dios simplemente como un medio para ese fin».[1]

El pasaje en el que hoy meditaremos es el Salmo 119:65-68. Esta porción empieza diciendo: «Bien has hecho con tu siervo», y termina: «Bueno eres tú», revelando la misma verdad: Dios es bueno y el que Dios sea bueno, implica que todo lo que Él hace es bueno y esa bondad se muestra en Sus promesas y Su carácter. El Señor siempre obra con nosotros de una manera que no lo merecemos, porque la verdad es que no merecemos que Dios nos muestre Su bondad. Somos totalmente mirados con gracia, benevolencia y misericordia. Y esto es únicamente gracias a la obra de Jesucristo. ¡Gloria a Dios! No nos paga conforme a nuestras iniquidades, sino que obra según Su carácter justo, requiriendo de Cristo lo necesario para ahora inclinarse a mostrar bondad a aquellos que no la merecen. Ya no queda ira que Él quiera derramar sobre nosotros, porque *toda* fue derramada sobre Cristo.

Debemos recordar que muchas veces nuestro concepto de bondad, o lo que consideramos bien para nosotros, está distorsionado y pensamos que el bien es la ausencia de dificultades o pruebas. Solemos pensar que el estar sin dificultades es el fin último de nuestras

---

1. J. I. Packer, Conocer a Dios, (Colombia: Poiema Publicaciones), 2023, 9.

vidas. Generalmente decimos: si hay prosperidad, *Dios es bueno;* si hay buena salud, *Dios es bueno;* si Dios me guarda en el viaje, *Dios es bueno.* Pero ¿qué pasa si eso no sucede? ¿Qué pasa si hay enfermedad? ¿Qué pasa si no hay suficiente dinero? Entonces, ¿Dios no es bueno? Solemos condicionar la bondad de Dios a nuestras buenas circunstancias y lo que creemos como *bien o bueno* para nosotros mismos. Pero que Él muestre bondad puede incluir aflicción, pues como un buen Padre que corrige y ama a Sus hijos, Él puede traer pruebas o circunstancias a nuestras vidas en las cuales nos damos cuenta de que estar lejos de Él y desviarnos, realmente no va a producir algo bueno, por eso Él usa estos medios de amor y bondad para que lo encontremos suficiente, como nuestro gran tesoro, pues sólo en Él tenemos todo cuanto necesitamos.

Incluso más adelante, en el versículo 71, el salmista reconoce que le fue bueno haber sido afligido. Esto cambia nuestra perspectiva, *¿que fue bueno ser afligido?* Eso no parece encajar, pero produjo algo mucho mejor para él, como acercarse a su Dios, conocerlo, amarlo y guardar Su Palabra, entonces sí fue bueno. Esto dice también el versículo 67: «Antes que fuera yo humillado, descarriado andaba». Muchas veces el mal o la aflicción son producidos porque nos hemos alejado de Él, porque hemos pecado contra Él y este pasaje nos muestra que aun si es así, Él no nos deja a la deriva y mucho menos nos abandona en nuestro pecar, sino que usa la aflicción para traernos con bondad de regreso a Sus brazos como un buen Padre, para que en arrepentimiento dejemos nuestro pecado, lo busquemos, amemos y entonces declaremos como el salmista: «Mas ahora guardo tu palabra» (Sal 119:67).

El salmista nos está impulsando a meditar en quién es el Señor. Y nos ayuda a ver que no importa lo que estés pasando, Dios es bueno. Creer en la bondad del Señor ayuda a que nuestra perspectiva cambie y podamos gozarnos en Él, independientemente de nuestras circunstancias. El versículo 66 continua: «Enséñame buen sentido y sabiduría, porque tus mandamientos he creído». Meditar en la bondad de Dios nos lleva a pedir confianza y clamar al Señor, para que sea Él quien nos enseñe. Nos lleva a vernos totalmente necesitadas y dependientes de guía y dirección, deseosas de tener buen juicio, sabiduría y conocimiento del Dios santo. Necesitamos que Su Espíritu Santo nos enseñe cómo vivir, cómo actuar, que nos revele por medio de Su Palabra quién es Él y, al verlo, esto nos lleve a guardar Su Palabra, porque le creemos y lo amamos. No podemos hacer nada fuera de Él, no podemos obedecer, no podemos creer, no podemos amarlo lejos de Él, como dice Juan 15:5:

> Yo soy la vid, vosotros los pámpanos; el que permanece en mí, y yo en él, este lleva mucho fruto; porque separados de mí nada podéis hacer.

Ahora, cuando clamamos a Él para que nos enseñe, lo hacemos confiando solo en Cristo. Nadie tiene la seguridad de acercarse alegando «yo soy bueno» o «me he esforzado», sino que solo podemos descansar en la obra de Su Hijo Jesucristo, en Su justicia puesta sobre nosotros, y por la cual ahora tenemos acceso total al Padre bueno y misericordioso (Heb. 4:14-16). Podemos creer en Su Palabra, podemos entrar confiadamente al trono de la gracia y decir como el salmista: «Enséñame buen sentido y sabiduría» (Sal. 119:66), muéstranos Tus caminos, queremos ver Tus maravillas (Ef. 3:18-20). Pues gracias a los logros de Cristo, Él nos mostrará y enseñará.

Finalmente, ¿cómo la bondad del Señor trae verdadera paz a mi vida? Cuando guiamos nuestros pensamientos y creencias a estar firmes en el carácter bueno del Señor, el resultado será paz, esa paz que sobrepasa todo entendimiento. Porque estamos teniendo una base sólida en el carácter de Dios y nuestra paz no vendrá de las circunstancias o de la aceptación de otros, sino que reposa totalmente en Aquel que es el Dios de paz, Aquel que es bueno, Aquel que nos ama y obra todo para nuestro bien. Así que si hay abundancia: Dios es bueno; si hay escasez: Dios es bueno; si hay felicidad: Dios es bueno; si hay aflicción: Dios es bueno, pues nada puede separarnos de Su amor y realmente todo obra para Su gloria y nuestro bien. No te canses de recordarle estas verdades a tu alma. Confía y repite una y otra vez: «Bueno eres tú, y bienhechor».

Día 9

La luz que trae paz
Angie Gutiérrez

Lectura de hoy: Isaías 9

> El pueblo que andaba en tinieblas
> vio gran luz; los que moraban
> en tierra de sombra de muerte,
> luz resplandeció sobre ellos.
>
> *Isaías 9:2*

El libro de Isaías es el libro profético más extenso y es un libro asombrosamente mesiánico. La mayoría de él está escrito en poesía hebrea, hablando ampliamente del carácter de Dios y de Su plan para todos los tiempos. Los primeros capítulos tratan de la realidad espiritual del pueblo de Israel y cómo ellos se habían alejado del Señor (Isa. 1:4) porque hacían muchas cosas que parecían buenas pero su corazón estaba lejos de Él. En este libro se mencionan algunos juicios en contra de ellos, pero Dios también da esperanza y promesa de restauración con la prometida venida del Mesías (Isa. 7:14).

Siguiendo esta línea, meditaremos un poco en Isaías 9:1-7. El final del capítulo 8 describe el estado de tristeza y oscuridad de la nación. La oscuridad es sinónimo de alejamiento de Dios, opresión, maldición, muerte, tristeza, angustia y hambre. Esto es una perfecta descripción del estado de la humanidad: andamos en oscuridad porque estamos separados de Dios, lo cual resulta en ausencia de paz y enemistad con Dios. Nadie tiene paz sin Dios. Mas ahora viene un contraste a esa oscuridad que interrumpe en el texto con un «**Pero** no habrá más melancolía...» (Isa. 9:1, NBLA). Y a mí me encanta cuando Dios se introduce en la historia y lo hace con un «pero», porque siempre produce un bello contraste para mostrarnos Su gracia y amor. Es como si nos dijeran: «Sí, todo está hecho un caos, pero Dios...». Incluso más adelante dice: «**pero** después la hará gloriosa...». ¡Qué esperanzador! Dios entra en escena y cambia el panorama.

Ahora bien, ese «pero» no es limitado, sino que es también para «Galilea de los gentiles» (v. 1b), es decir para las naciones. Esta profecía es sobre Jesús y como Él mostraría las buenas nuevas, tanto física como espiritualmente. Y más adelante, en el versículo 2, vemos cómo ese pueblo que andaba y habitaba en tinieblas, en sombras de muerte, vio la luz que resplandeció sobre ellos. Esta luz es una metáfora de Dios mismo, del evangelio, y esto lo veremos más claramente en los siguientes versículos que apuntan al Niño nacido, el Hijo encarnado, Dios poderoso, la Luz. Juan más tarde dirá que Jesús vino a vivir entre nosotros: «**En él** estaba la vida, y la vida era la luz de los hombres» (Juan 1:4-9). Esta profecía es bellísima, pues nos habla de la esperanza para toda la humanidad que vendría con la llegada del Mesías. No hay lugar, pecado, tristeza o situación tan oscura que la Luz del mundo no pueda penetrar, alumbrar y vencer.

Luego, el versículo 3 menciona: «Multiplicaste la gente, y aumentaste la alegría». Continúa hablando de la felicidad que produce haber sido alumbrados con Su luz. La nación es multiplicada, es decir allí están reiteradas y cumplidas las promesas hechas a los patriarcas (Gén. 12:3; 22:17). Todas las naciones de la tierra serían bendecidas a través de la descendencia de Abraham, es decir, del Mesías. Y continúa: «Se alegrarán delante de ti»; todo el dolor, la tristeza y la melancolía que estaban experimentando ya no existirá más en Su presencia. Compara esa alegría como algo mucho mayor que la cosecha o la repartición de un botín.

Y sigue: «Quebraste su pesado yugo, y la vara de su hombro, y el cetro de su opresor» (v. 4). El ser alumbrados por la Luz, nos quita el yugo de esclavitud, el pecado ya no tiene poder sobre nosotros (Rom. 6:14), somos traídos del reino de las tinieblas a Su luz admirable (2 Ped. 2:9-10), la opresión ha sido quitada, el opresor ha sido derrotado. ¡Qué maravilloso! Mira el versículo 5: «Porque todo calzado que lleva el guerrero en el tumulto de la batalla, y todo manto revolcado en sangre, serán quemados, pasto del fuego». Todo aquello que se sufrió, todo el dolor que causó la batalla y lo que se vivió, queda atrás, queda olvidado y ya no hay más batallas que pelear y no hay más sangre que derramar. ¿Cómo es esto posible? ¿Quién lo hace posible?

Aquí viene la razón principal de todo lo anterior, de la alegría, de estar fuera de la esclavitud, de poder disfrutar de Su presencia, de ser llamados parte de la nación, de que nos haya resplandecido la Luz. Todo esto se cumple con la llegada del Mesías, solo *Uno* era capaz de hacer todas estas cosas; viniendo a vivir dentro de la oscuridad es que Él resplandecería: «Porque un niño nos es nacido, hijo nos es dado, y el principado sobre su hombro; y se llamará su nombre Admirable, Consejero, Dios Fuerte, Padre Eterno, Príncipe de Paz» (v. 6). ¡Dios mismo se ha hecho carne! Solo a través del Dios encarnado es que tendríamos salvación, seríamos rescatados del poder de las tinieblas y tendríamos paz.

Necesitábamos un Salvador que nos fuera cercano, que nos guiara con sabiduría, nos hablara palabras de vida eterna y tuviera poder para liberarnos. Él es Aquel que nos amaría eternamente y que nos daría paz. Luego continúa en el versículo 7, describiendo cómo será el reinado de ese Príncipe de Paz: «Lo dilatado de su imperio y la paz no tendrán límite, sobre el trono de David y sobre su reino, disponiéndolo y confirmándolo en juicio y en justicia desde ahora y para siempre. El celo de Jehová de los ejércitos hará esto». Solo Él cumpliría todas las promesas, Su soberanía y Su paz no tendrían fin, esto es Su Reino universal y eterno. Él sería Aquel prometido que reinaría sobre el trono de David, y lo hará para siempre en su segunda venida, cumpliendo así las profecías. Él es el único que daría estabilidad, seguridad, traería justicia y rectitud para siempre. Y esto solo es posible por medio del Señor de los ejércitos, pues así Su plan eterno se lleva a cabo. Él mismo es quien le ha dado ese reinado y quien ha hecho esto posible.

¡Qué Maravilla! Meditar en este pasaje debe llenarnos de asombro. Caigamos de rodillas, llenando nuestra mente, corazón y labios de agradecimiento, hemos sido traídos de las tinieblas a Su luz admirable, hemos sido acercados, hechos parte del pueblo, el yugo nos ha sido quitado, el pago ha sido hecho, el castigo de nuestra paz fue sobre Él. La enemistad más grande, nuestro mayor problema, ha sido quitado, ya no somos enemigos de Dios, ahora tenemos paz para con Dios por medio de Cristo (Rom. 5:1), ya no hay nada más que agregar. Todo dolor, tristeza, opresión, oscuridad, cansancio es desmoronado cuando miramos a Aquel que lo llena todo en todo y con esperanza confiamos en Su segunda venida y en la restauración final de todas las cosas. Esto nos permite caminar con esperanza en nuestro peregrinar sobre la tierra. Y ahora que vivimos en la luz, nuestro yugo ha sido quitado y gozamos de paz con Dios por medio de Cristo, somos llamados a extender ese Reino de paz con otros dándole a conocer (2 Cor. 5:18-20), pues jamás nadie encontrará descanso fuera de Él.

Día 10
Guardados en completa paz
Angie Gutiérrez

Lectura de hoy: Isaías 26

Tú guardarás en completa paz a aquel
cuyo pensamiento en ti persevera;
porque en ti ha confiado. Confiad en Jehová
perpetuamente, porque en Jehová el Señor
está la fortaleza de los siglos.
Isaías 26:3-4

El capítulo 26 de Isaías es parte de una sección que va desde el capítulo 24 hasta el capítulo 27. Esta sección continúa después de una serie de juicios contra algunas naciones; pero vemos que no todo es juicio sino que también hay cánticos de gracia, de liberación, misericordia, reconocimiento de las promesas del Señor y Su carácter fiel para con Su pueblo. El versículo 1 comienza así: «En aquel día cantarán este cántico en la tierra de Judá», lo cual representa un vistazo hacia el futuro, a lo que vendrá y estamos esperando; esta referencia nos habla del día final, el fin de los tiempos, cuando el Señor llegará para juzgar la tierra y reinar para siempre. Luego viene una descripción de cómo será esa ciudad, la Jerusalén restaurada, lo firme y confiada que permanecerá porque estará construida en Él.

Entonces, sigue un versículo que hemos escuchado mucho y hasta memorizado: Isaías 26:3. ¿Te has visto necesitada de paz? ¿Has sentido que de este lado del cielo no la habrá? ¿Que en un mundo tan corrompido es imposible pensar en paz? ¿Podemos realmente obtener paz? Empecemos a meditar un poco en este pasaje. La paz no es algo que nosotros podemos producir, no está en nuestras manos darla, técnicamente somos agentes pasivos que recibimos esa acción de ser guardados en completa paz. Siendo el Príncipe de Paz, Él es el único capaz de proveerla para nosotros. Pero hay una manera activa de participar para ser guardados en esa paz: que nuestros pensamientos perseveren en Él. Guiar nuestros pensamientos a meditar en quién es Él, Sus promesas y Su carácter, producirá en nosotros confianza.

Recordemos que la mente es donde se arraigan nuestras creencias más profundas y es allí también donde se determina lo que sentimos y hacia dónde vamos. Entonces, si estamos constantemente guiándola a permanecer en el Señor, meditando en Él, esto producirá en nosotros confianza, pues nuestra paz o nuestra seguridad no está en el cambio o mejoría de las circunstancias, sino que descansa únicamente en Aquel que es la Paz. Esto nos impulsa a ser intencionales en dirigir nuestros pensamientos a Él, recordar las verdades sobre quién es Él, Su carácter y Sus obras, para que aún en medio de las tormentas de nuestra vida haya paz y confianza, como dice el versículo 4: «Porque en Dios el Señor, tenemos una Roca eterna» (NBLA). Confiamos en Él para siempre porque Dios es el Señor, dueño y soberano sobre todas las cosas, no hay nada que se escape de Él y solo Él es la Roca eterna, inconmovible, invariable, firme para siempre y digna de confianza. Solo si nuestra confianza está en la Roca eterna no seremos movidos y entonces tendremos completa paz, aun en medio de la tormenta.

Siguiendo esta línea de pensamiento, avancemos al versículo 8. Nuestro llamado, mientras esperamos a que Él regrese, es a caminar en Sus estatutos, a permanecer en Él. Continuar en Sus caminos es la manera en que evidenciamos nuestra confianza en Él. Pues, una muestra de nuestra confianza y descanso en Él es obedecer Su Palabra. Y... ¿por qué obedecemos Su Palabra? ¿Porque queremos paz?

¿Porque tenemos que hacerlo? No, sino porque lo amamos, porque Él es lo que más deseamos, porque en Él confiamos y anhelamos Su nombre y Sus obras. Así que el obedecer, seguir y esperar en las sendas de Sus juicios no es algo costoso, sino que brota del deseo más profundo de nuestro corazón. De hecho eso es lo que dice Mateo 6:21. «Según Jesús, el corazón responde, persigue, va detrás de aquello que ha hecho su mayor tesoro. En otras palabras, para Jesús, amar es la consecuencia de haber encontrado algo precioso. Es el resultado de haber hallado un tesoro. Es una reacción de aprecio que, como veremos más adelante, va mucho más allá de una decisión o de un sentimiento. Para Jesús, cuando el corazón encuentra un tesoro, no puede dejar de atesorarlo. Es algo inevitable».[1]

Entonces, vemos en esta descripción que ese era el verdadero anhelo del alma: Dios mismo. Esto se reitera una vez más en el versículo 9: «En la noche **te desea mi alma,** en verdad mi espíritu dentro de mí **te busca con diligencia**» (NBLA). Sorprendente, ¿no crees? Cambia nuestra perspectiva incluso de cómo vivimos la vida cristiana. Nuestro deseo por Él, por buscarlo, por serle obediente, por esperar en Él, por vivir para Él, tiene como base nuestro amor por Él. Y, ¿cómo lo amamos? Conociéndolo, poniendo nuestra confianza en

---

1. Nicolás Tranchini, Cambios Profundos: Cuando el evangelio transforma los deseos de corazón (Spanish Edition) (pp. 56-57). Cambios Profundos Publicaciones. Edición de Kindle.

Él y logrando que nuestros pensamientos perseveren en Él. Pero naturalmente estamos imposibilitados de amarlo, a menos que Dios obre en nuestros corazones por medio de Cristo. Solo podemos amarlo gracias a que Él nos ha amado primero en Cristo. Entonces, el que nuestra alma lo desee y el buscarlo con diligencia fluyen de ese amor por Él.

Continuando, veamos el versículo 12: «Jehová, **tú nos darás paz**, porque también hiciste en nosotros todas nuestras obras». Una vez más vemos que la paz solo proviene de Dios, no hay otra fuente de paz, no hay otro lugar o circunstancia que otorgue lo que solo Dios puede dar. Y ver este pasaje me hace pensar en Cristo, Su justicia y sacrificio, y que solo por medio de Él gozamos la paz con Dios mismo. Es bastante confrontante, pues también habla de que incluso las cosas buenas que se pueden lograr es a través de la obra de Dios en nosotros, para dejarnos totalmente sin jactancia. Romanos 11:36 lo dice: «De él, y por él, y para él, son todas las cosas». Él es el único que hace todas las cosas, nosotros por nuestros propios medios y maneras realmente no podremos lograr nada (v. 18).

Finalmente, preguntémonos: ¿Tengo paz? ¿Dónde permanecen mis pensamientos? ¿Estoy amando a Dios? ¿Estoy buscándolo? ¿Lo conozco y confío en Él? Ahora es el tiempo, vivamos con esperanza, confiando en la Roca eterna, confiando en que al guiar nuestras vidas y mentes hacia Él, nuestros corazones lo amarán, vivirán en Sus caminos y la paz será un fruto que brotará en nuestro interior, mostrando a otros quién es nuestro Dios. ¡Que el Señor sea el mayor anhelo de nuestras almas y entonces seamos guardados en completa paz!

Día 11
El efecto de la justicia
Keila Ochoa Harris

Lectura de hoy: Isaías 32

Y el efecto de la justicia será paz,
y la labor de la justicia,
reposo y seguridad para siempre.

Isaías 32:17

El documento más antiguo de paz se encuentra en el museo de Arqueología de Estambul. El tratado de paz de Qadesh data del siglo XIII antes de Cristo y fue firmado por Hattusili III, rey de los hititas, y Ramsés, faraón de los egipcios. Este tratado marcó el final de una larga guerra para dominar el Mediterráneo y en el texto se promete amistad eterna, paz duradera, integridad territorial, no agresión y ayuda mutua entre las dos naciones.[1]

Si bien parece que Egipto cumplió su parte del trato y ya no atacó a sus vecinos del norte, el Imperio hitita desapareció de la historia 110 años después por el avance de los fenicios y los asirios. Los egipcios, que les prometieron amistad eterna y ayuda mutua, no los auxiliaron. Al final del día, los dejaron solos. ¿Te ha pasado? ¿Has sufrido porque alguien rompió un pacto de amistad contigo? Tal vez no hemos necesariamente escrito las cláusulas a seguir, ni hemos ido al notario para decir que alguien nos ha prometido lealtad, pero hemos firmado con cariño un acuerdo de ayuda y compromiso.

Quizá también te has dolido porque un pacto legal, como el de un matrimonio o una sociedad laboral, ha sido quebrantado por la otra parte. Seguramente este rompimiento ha traído a tu corazón tristeza y falta de paz. Los divorcios rara vez son eventos pacíficos, e incluso un despido injusto o una acusación conllevan discusiones y nos roban la tranquilidad.

En el capítulo 32 de Isaías leemos una de las cosas que traen paz: «Y el efecto de la justicia será paz; y la labor

---

1. Mayans, Carme y Claire Lalouette, *«Ramsés II y el rey hitita Hattusili firman el primer tratado de paz de la historia»*, Historia National Geographic (21 de febrero de 2023).
https://historia.nationalgeographic.com.es/a/ramses-ii-y-el-rey-hitita-hattusili-firman-el-primer-tratado-de-paz-de-la-historia_19165

de la justicia, reposo y seguridad para siempre» (v. 17). Quizá nuestra mente piense en la justicia como en la imposición de un castigo. Cuando los malos reciben su merecido viene la paz. Pero la palabra hebrea para justicia que se usa aquí más bien se refiere a hacer lo correcto y cumplir con nuestras obligaciones. Cuando los israelitas no quisieron que Dios fuera su rey, eligieron a Saúl. Luego David ocupó el trono y trajo victorias nacionales. Finalmente, al vencer a los filisteos él logró la paz. Su hijo, Salomón, extendió esa paz durante años. De hecho, el nombre Salomón viene de la palabra hebrea para «pacífico». Su reinado se subrayó con la palabra «paz».

Sin embargo, Salomón desvió su amor de Dios, y cuando su hijo ocupó el trono el reino se dividió. Le siguieron guerras y peleas entre ellos mismos y otras naciones. La paz se esfumó. ¿Qué sucedió? Que ellos no cumplieron con su parte del trato. Rompieron cada una de las leyes de Dios. Abandonaron a quien los había salvado de Egipto y de los filisteos. No hicieron lo que les tocaba hacer: obedecer y guardar la Ley de Dios. ¿Qué esperanza tiene el hombre? Si los reinos hititas y egipcios no pudieron cumplir lo pactado, ni los israelitas lograron su parte del pacto con Dios, ¿cómo vendrá la paz?

Isaías abre el capítulo 32 diciendo: «He aquí que para justicia reinará un rey, y príncipes presidirán en juicio». Los lectores originales de este texto pensaron en ese Rey Mesías prometido que vendría con poder para ser un escondedero contra el viento, un refugio contra el turbión, un arroyo en tierra seca y una sombra en tierra calurosa. Ese rey sería diametralmente opuesto a sus actuales gobernantes que se distinguían por hacer trampa y hablar mentiras. Sin embargo, no vino como ellos lo imaginaron. No se trataría de un faraón o un rey hitita guerrero que cabalgara frente a un ejército y escribiera paz en una tableta de arcilla. Debía ser un Rey diferente, que cumpliera con la definición bíblica de justicia, la que incluye el concepto de perdón.

Imagina un acuerdo entre dos personas, donde una no cumple su parte, pero la otra sigue adelante. En otras palabras, perdona el incumplimiento del otro y no quiebra sus propias promesas. ¿Justicia? De hecho, *superjusticia*, porque el segundo lo cumplió aun cuando, legalmente, ya no debía hacerlo. ¡Estas son las Buenas Noticias del Evangelio! El Rey justo nos ha perdonado, aunque no hemos cumplido nuestra parte. ¿Qué nos toca a nosotros? Ser justos como nuestro Rey. Cumplir nuestra parte, aunque el otro falle. Perdonar, incluso cuando el otro no lo merezca. ¿Difícil? Mucho. La pregunta importante se responde en nuestra relación con el Rey. Fíjate como en Isaías 32:1 dice que reinará «un rey». Luego en el capítulo 33:17 habla de que nuestros ojos verán «al Rey», y el versículo 22 añade que Jehová es «nuestro Rey». ¿Percibes la progresión? ¿Quién es Jesús para ti? ¿Un Rey, el Rey o tu Rey? Eso hace toda la diferencia.

Cuando Jesús es nuestro Rey, nos da la facultad, el poder y el deseo de perdonar y hacer justicia; la justicia en Sus términos, no los nuestros. ¿Qué habría pasado si Egipto hubiera defendido a los hititas sin importar su propia seguridad? ¿Qué sucedería si perdonáramos a los que han fallado a su parte de un trato de amistad y les diéramos una segunda oportunidad? Seguramente experimentaríamos la paz. El efecto de la justicia es la paz, la que ya se dio en la cruz del Calvario. La pregunta es: ¿traeremos a este mundo un poco de paz? Ciertamente nuestros esfuerzos hoy lucirán como gotas de agua dulce en un mar salado, pero un día, como Isaías prometió, el Rey justo reinará y nosotros experimentaremos los efectos de la justicia.

Mientras aguardamos ese momento, dejemos que en nuestros pequeños reinos el efecto de la justicia sea la paz. ¿Cuáles son nuestros pequeños reinos? Las relaciones que nos rodean, sea con nuestra pareja, nuestros hijos, nuestros familiares, nuestros amigos, nuestros colegas, nuestros hermanos en Cristo y cualquier persona con la que nos cruzamos. Firmemos cada día la paz con ellos, y también en nuestro corazón.

Como escribió Louisa May Alcott: «Un pequeño reino poseo, donde habitan pensamientos y sentimientos; y muy difícil me parece la tarea de gobernarlo bien».[2]

---

2. Alcott, Louisa May, «*A little kingdom I possess*», *Hymnary.org*. Último acceso: 27 de agosto de 2024. https://hymnary.org/text/a_little_kingdom_i_possess#google_vignette.

Cuando no encuentres paz, afiánzate a la justicia de Dios quien te perdonó en la cruz, y quien ha cumplido su parte del trato: «Y mi pueblo habitará en morada de paz, en habitaciones seguras, y en recreos de reposo» (Isa. 32:18). Que el efecto de la justicia sea paz, interna y externa, y que traiga serenidad y una confianza firme en Dios para siempre.

Día 12

El río de la paz
Keila Ochoa Harris

Lectura de hoy: Isaías 48

> Fuera entonces tu paz como un río.
> *Isaías 48:18*

¿Cuál es el río más largo del mundo? Existe un debate entre el río Nilo en África o el Amazonas en Sudamérica. Lo cierto es que los ríos son fascinantes y se usan como símbolos en el arte y la poesía. De hecho, una canción infantil cristiana dice: «Tengo paz como un río». ¿Poseen los ríos paz o nos transmiten paz?

Comencemos definiendo que un río es, en palabras de la Real Academia Española, «una corriente de agua continua que desemboca en el mar».[1] La palabra importante es «corriente», es decir, que fluye o tiene movimiento. Los ríos comienzan en una fuente, manantial o nacimiento de agua. Pueden nacer de un glaciar que se está derritiendo como el Ganges, en un lago como el Misisipi, o en un manantial subterráneo como el Danubio. Todo río tiene un inicio y la paz también. En Isaías 48 el profeta escribe las palabras de Dios: «Oíd esto, casa de Jacob, que os llamáis del nombre de Israel, los que salieron de las aguas de Judá» (Isa. 48:1).

Israel tuvo un Creador, así como nosotras también lo tenemos. Procedemos del Dios que nos hizo y que nos formó en el vientre de nuestras madres. De Su manantial de amor procedió la historia de naciones y de individuos, como esa fuente de toda bondad. Una vez que el río emerge, la fuerza de gravedad lo empuja hacia abajo. Si te fijas, los ríos surgen en lugares elevados, así que comienzan su descenso como arroyos que se alimentan de lluvias y ríos subterráneos o tributarios. Se dice que el río Amazonas tiene más de mil tributarios.[2]

El arroyo de la familia de Abraham, luego de Isaac y de Jacob se ensanchó hasta formar una nación

---

1. Real Academia Española, *Diccionario del estudiante*, «Río». Último acceso: 27 de agosto 2024. https://www.rae.es/diccionario-estudiante/r%C3%ADo.
2. Luo, Xi, *«Understanding Rivers»*, *National Geographic Education*, 19 de octubre de 2023, https://education.nationalgeographic.org/resource/understanding-rivers/.

que construyó su capital en Jerusalén y edificó un templo hermoso al que fluían personas de todas las naciones. Pero, cuando los israelitas se olvidaron de Dios y ensuciaron el templo con hechicería, idolatría e inmoralidad, los babilonios los conquistaron y trasladaron a nuevas tierras. Al abandonar la fuente de su paz, empezaron a desviarse y el río se vio amenazado.

¿Sabías que existen dos peligros principales para la corriente de un río? El primero es la contaminación. Si bien dependemos de los ríos para la comunicación y la agricultura, su uso excesivo conlleva a su deterioro. Los ríos se ensucian por tirar en ellos basura y aguas negras, por disponer residuos tóxicos en ellos y por el uso de fertilizantes y pesticidas.

El río de paz de los israelitas se ensució con deslealtad y desobediencia. De hecho, Dios dice que llamó a Su pueblo «rebelde desde el vientre» (Isa. 48:8). Los israelitas fueron tercos y obstinados; no quisieron someterse a Dios. Su río se llenó de suciedad y, como consecuencia, la vida se vio afectada. En un río contaminado mueren los peces, las personas no se pueden bañar en él ni beber sus aguas.

El segundo peligro es la sequía. Un río puede convertirse en un cañón, un despeñadero o un lugar desértico. Los israelitas habían perdido la brújula al dejar de alimentarse de la fuente del amor de Dios, al no pedir las lluvias de Sus bendiciones y al menospreciar el flujo de Su presencia. Por causa de su idolatría, el pueblo sufrió. Dios debía hacer algo por ellos y así sucedió. Construyó una represa, una barrera que detiene o desvía la corriente natural de un río. El Señor tuvo que parar el río para limpiarlo, encausarlo y revivirlo. En Sus palabras: «Te he purificado, y no como a plata; te he escogido en horno de aflicción» (Isa. 48:10). Dios los llevó a Babilonia para probarlos y ayudarlos a retomar el rumbo. Pero la represa no era el propósito final. Dios tenía un plan mayor.

El final de un río es su «boca», el lugar donde se vacía en un cuerpo de agua más grande como un lago o un océano. En su paso, el río adquiere velocidad y deja detrás rocas, arena y otros materiales. Este sedimento ayuda a la fertilidad de los campos. Además, el río comienza a tener una parte profunda llamada canal, que permite que viajen por él barcos grandes. Luego, muy cerca de su final, el río se desacelera. ¿Cuál es el océano al que Israel se dirigía? Al mismo Dios, el Primero y el Último, el que los formó. Por eso, Dios dice: «Yo soy Jehová Dios tuyo, que te enseña provechosamente, que te encamina por el camino que debes seguir» (Isa. 48:17). El Creador de los ríos, el que labró su cauce, el que añadió sus tributarios, el que originó sus aguas, es quien lo encamina a su destino final: Él mismo.

¿Sabías que muchos de los judíos en Babilonia se acomodaron tan bien en su nuevo hogar que cuando pudieron regresar no se inmutaron? Si bien al principio de esos setenta años de exilio los israelitas lloraron y lamentaron la pérdida de sus tierras, unos años después comenzaron a ver los edificios del enemigo como su nueva casa. Decidieron quedarse en el estanque de la comodidad en lugar de seguir río abajo. Por eso, Dios se lamenta: «¡Oh, si hubieras atendido a mis mandamientos! Fuera entonces tu paz como un río, y tu justicia como las ondas del mar» (Isa. 48:18). Los israelitas habían perdido la oportunidad de una vida de paz, pues dejaron de correr como un río. Así que Dios les ordena salir de Babilonia y volver a su tierra, donde el Experto en ríos los cuidaría. Y les recuerda una historia, aquella en que el pueblo andaba por el desierto y tuvieron sed. Entonces Dios hizo brotar agua de la piedra; donde «abrió la peña, y corrieron aguas» (Isa. 48:21). Luego concluye: «No hay paz para los impíos» (Isa. 48:22).

En otras palabras, Dios les dice: «La paz no está aquí en Babilonia y con quienes viven lejos de mí». ¿Dónde está la paz? En Dios mismo, en la calma que Él trae a nuestras vidas cuando cumplimos el propósito al que hemos sido llamados, el de seguirlo, amarlo y glorificarlo, o cuando corremos como esos ríos que nacen de Dios y van a Dios.

¿En qué parte del río te encuentras? Tal vez apenas comienzas tu recorrido como un arroyo burbujeante que ha recibido el manantial del perdón de Dios. Quizá estás creciendo junto con otros tributarios de modo que tu vida riega y bendice a las personas a tu alrededor. Podría ser que te encuentras amenazado por la contaminación y la sequía. O probablemente Dios te ha puesto en una represa por un tiempo para probarte y purificarte antes de seguir tu camino. ¿Te encuentras ya cerca del fin y percibes cómo tu paso va más lento y pausado? Lo único cierto es que todos los que creemos en Cristo desembocaremos en el océano del amor de Dios. Que Dios nos ayude, por lo tanto, a que, como dice el canto infantil, tengamos paz como un río.

Día 13
Una vida de paz
Keila Ochoa Harris

Lectura de hoy: Isaías 53

> El castigo de nuestra paz fue sobre él.
> *Isaías 53:5*

Dos de cada tres personas mueren en países en paz.[1] Estas estimaciones nos recuerdan que la violencia no es la ausencia de guerra. ¿Qué tipo de violencia rodea tu comunidad? ¿Conflictos por cárteles de drogas o pandillas? ¿Acoso escolar o laboral? ¿Grupos armados que amenazan la

---

1. The Council of Europe, «Paz y violencia», *Manual de Educación en los Derechos Humanos con jóvenes* (n.d.). Último acceso: 27 de agosto de 2024, https://www.coe.int/es/web/compass/peace-and-violence.

seguridad de tu familia? ¿Problemas intrafamiliares que escalan, quizá por el consumo de alcohol? ¿Y de dónde surge todo esto?

La Biblia lo explica: «¿Qué es lo que causa las disputas y las peleas entre ustedes? ¿Acaso no surgen de los malos deseos que combaten en su interior? Desean lo que no tienen, entonces traman y hasta matan para conseguirlo. Envidian lo que otros tienen, pero no pueden obtenerlo, por eso luchan y les hacen la guerra para quitárselo» (Sant. 4:1-2, NTV).

No me considero una persona violenta. Sin embargo, en ocasiones he sentido una ira descontrolada que me domina y me ha hecho estallar. No estoy orgullosa de esas reacciones, todo lo contrario, pero si quiero comprender la violencia debo comenzar por mí misma. Soy capaz de provocar daños profundos en aquellos a quienes más amo. Soy propensa a la agresividad. Alguna vez escribí que, en circunstancias diferentes, con una crianza específica, en medio de propaganda partidista, pude haber sido presa de una ideología totalitaria. ¿Por qué? Porque soy pecadora. Todos hemos fallado y nos hemos apartado de una vida de paz. Todos hacemos lo que los versículos en Santiago nos explican: envidiamos, deseamos lo que no tenemos y tramamos cómo conseguirlo, pues queremos solo lo que nos traerá placer propio. Entonces aparece el capítulo de Isaías 53.

Isaías describe a un Siervo sufriente y conocedor del dolor más profundo, de quien «escondimos... el rostro» y «no lo estimamos» (v. 3). ¿Te fijas en el uso del plural? No pierdas de vista al leer que «nosotros» desviamos la mirada del Señor. Aunque no estuvimos ahí en el siglo I en las calles de Jerusalén, despreciamos y rechazamos a Dios. Sin embargo, Él llevó nuestras enfermedades, sufrió nuestros dolores, fue herido por nuestras rebeliones y fue molido por nuestros pecados. Sufrió una violencia como nunca por causa nuestra. Podemos, obviamente, lavarnos las manos como Pilato, pero no podemos negar que Jesús llevó nuestras iniquidades. Por nuestro pecado Jesús murió.

Además, murió de la forma más violenta que podamos imaginar. Si haces una búsqueda en Internet de las muertes que cambiaron el rumbo de la historia te toparás con los nombres de Julio César, John F. Kennedy, Martin Luther King, Gandhi y Abraham Lincoln. Todos fueron asesinados por envidia, conspiración o incluso locura. Un hombre, quizá motivado por un grupo de poder, disparó un arma o clavó una daga en el agredido. Sin embargo, ¿a quién culpar por la muerte de Jesús? ¿A Pilato que dio su permiso? ¿A los fariseos que lo llevaron a juicio? ¿A los soldados que lo clavaron en la cruz? ¿A los discípulos que no hicieron nada? ¿A los que se burlaron de Él? Isaías responde: a todos.

A Jesús y a los hombres anteriores les quitaron la vida a mitad de camino, con una gran diferencia: Jesús «no había hecho violencia, ni había engaño en su boca» (v. 9, NBLA). Jesús no había hecho nada malo, pero fue condenado y enterrado como un criminal. Dios no creó un mundo violento, pero el pecado ha traído brutalidad y crueldad. Sin embargo, el Hijo de Dios decidió venir a este mundo para salvarlo y la única forma de hacerlo era tomando el lugar que nos correspondía, y al realizarlo, toda la violencia se desató en contra del Salvador. Lo peor del género humano asomó sus colmillos ese viernes en el Gólgota.

La paz no es la ausencia de guerra. La paz es regresar al estado de perfección, plenitud y totalidad que teníamos antes de la caída. Cuando decidimos, como género humano, vivir una vida sin Dios, aceptamos también el pago de nuestra elección: la separación de un Dios santo. Alguien debía pagar el precio de esa decisión. Quien vive para pecar, recibe como castigo la muerte. Sin embargo, Dios nos preparó un regalo.

¿Has recibido un regalo? A ti no te costó; lo recibiste de modo gratuito. Pero el que te da el regalo paga por él en la tienda o usa sus recursos y tiempo para crearlo. Del mismo modo, la dádiva de Dios, que es nuestra salvación, costó, y Jesús pagó el precio con Su propia vida. No somos gente de paz, sino que tenemos tendencia a la violencia. Por otro lado, aunque no somos gente de paz, la ansiamos y añoramos, pues tristemente hemos sido víctimas de la maldad. En ambos casos, necesitamos un Salvador: alguien que nos libre de nuestra inclinación a la violencia y quien nos preserve de la gente violenta. Jesús ha hecho ambas porque «el castigo de nuestra paz fue sobre él» (v. 5).

Si bien muchas personas mueren como víctimas de asesinatos y maltratos, la mayoría de las defunciones a nivel mundial provienen de cardiopatías isquémicas, en otras palabras, enfermedades que impiden que el corazón reciba la sangre necesaria. El problema siempre está en el corazón, ¿verdad?

Jesús vino a solucionar el problema más grande del género humano: el pecado. No hay nada ni las guerras, ni la drogadicción, ni la pobreza que sobrepase al pecado pues, al final de cuentas, el pecado es el origen de todo mal en este mundo y anida en el corazón. «Engañoso es el corazón más que todas las cosas, y perverso» (Jer. 17:9).

El regalo de la paz se nos ha dado mediante los padecimientos de Jesús. El castigo para que recibamos una vida plena lo sufrió alguien más. A nosotros nos toca mirar la cruz en lugar de esconder el rostro, y admirar a nuestro Salvador en lugar de tenerlo por abatido. Acercarnos al Pastor en lugar de descarriarnos. A nosotros nos toca creer este mensaje.

Dos de cada tres personas mueren en países «en paz», y recordemos que las enfermedades cardiovasculares son responsables de más muertes que la violencia y las guerras. Pero en este caso, la razón por la que no hay paz en el mundo se debe a la enfermedad del corazón llamada pecado. ¿Soñamos con la paz mundial? ¿Ansiamos una vida plena? ¿Deseamos comunidades sin violencia? Solo existe una solución real y duradera: arreglemos la situación de nuestro corazón; lidiemos con el problema del pecado; dejemos de despreciar a Dios. Como dice el himno de Francis A. Blackmer: «De mis obras despojado, vi la obra de Jesús; supe que la paz fue hecha por la sangre de Su cruz».[2]

---

2. *Himnos y Cánticos del Evangelio*, *«Paz con Dios»* (n.d.). Último acceso: 27 de agosto de 2024, https://www.himnosycanticosdelevangelio.org/himnos/095-paz-con-dios.

Día 14

Jesús, nuestra salvación presente y futura
Emma J. Baldazo de Marín

Lectura de hoy: Isaías 61

En gran manera me gozaré en Jehová,
mi alma se alegrará en mi Dios;
porque me vistió con vestiduras de salvación,
me rodeó de manto de justicia,
como a novio me atavió,
y como a novia adornada con sus joyas.
Isaías 61:10

¡De dónde hemos caído!

¿Alguna vez te has imaginado cómo sería ser Eva en el Edén? Imagina que estás habitando allí, en plena abundancia y gozo en un lugar perfectamente hermoso, sin mancha de pecado, un paraíso. Estás en plena comunión con Dios, tu creador, tu amigo, Señor de todo. Aunque quieras imaginarte por lo menos un poco de ese paraíso, creo que no lograrías comprender o sentir ni el uno por ciento de esa realidad pasada. No te acercas a imaginar su plenitud, su paz indescriptible y su santidad.

En ese lugar vivió Eva, y de ese lugar fue expulsada al pecar. Junto con Eva, también nuestro pecado contra Dios nos mantiene exiliadas del Edén. En consecuencia, pasamos a estar bajo el juicio de Dios. Por eso sabemos qué es vivir fuera del Edén como Eva. Tú y yo verdaderamente vivimos exiliadas en un mundo caído y corrompido por el pecado.

¡Qué caída sufrió nuestro corazón!

En esta vida exiliada de la presencia de Dios, todas las mujeres naturalmente comparten un corazón corrompido del cual brotan toda clase de ofensas que nos mantienen cada vez más alejadas de la comunión y paz con Dios. Un corazón lleno de pecado solo puede producir obras de corrupción, como Pablo dice en Gálatas 5:19-21:

Y manifiestas son las obras de la carne, que son: adulterio, fornicación, inmundicia, lascivia, idolatría, hechicerías, enemistades, pleitos, celos, iras, contiendas, disensiones, herejías, envidias, homicidios, borracheras, orgías, y cosas semejantes a estas; acerca de las cuales os amonesto, como ya os lo he dicho antes, que los que practican tales cosas no heredarán el reino de Dios.

¿Has logrado identificarte con alguna de esas obras de corrupción? ¿Recuerdas cómo te hace sentir? Quizás ayer les gritaste a tus hijos con ira. Tal vez hoy abrigaste envidia en tu mente porque tu amiga ha logrado tener hijos y tú no. Probablemente sigues peleando con tu madre porque no piensa igual que tú, o a lo mejor llevas mucho tiempo viviendo con tu novio sin estar casada. La paz y el verdadero gozo se mantienen alejados en momentos y situaciones como estas, pues el juicio de Dios está donde tales cosas se practican.

Viéndonos en el pueblo de Israel

Cuando leemos Isaías 61 debemos tener en mente que el pueblo de Israel estaba experimentando un gran sufrimiento como consecuencia de su pecado. Dios los había juzgado de manera parecida a Adán y a Eva, exiliándolos de la tierra prometida a Babilonia. La falta de arrepentimiento por sus transgresiones e idolatría los había llevado en juicio fuera de su «Edén», su tierra prometida, Jerusalén.

El libro del profeta Isaías proclama dos mensajes al pueblo de Israel y sus líderes. Uno es el mensaje de juicio para el pueblo y el otro un mensaje de esperanza. El profeta les recuerda que tendrán un nuevo comienzo en un nuevo y perfecto Israel que sería en el Hijo de la promesa. En Isaías 7:14 dice: «Por tanto, el Señor mismo os dará señal: He aquí que la virgen concebirá, y dará a luz un hijo, y llamará su nombre Emanuel». Con esto el profeta anuncia que Dios mismo estaría con ellos y habitaría entre ellos.

Un mensaje de esperanza

Qué gran, gozo saber que Dios siempre trae un mensaje de esperanza, a pesar de que somos totalmente culpables de nuestros pecados. Él extiende Su amor y cuidado al darse a sí mismo por nosotros, el justo por los injustos. En el capítulo 61 el profeta se llena de gozo porque ha llegado a Israel una profecía de salvación, de la esperanza futura del Reino de Dios. Él ha visto la salvación de Jehová, que anuncia: «En gran manera me gozaré en Jehová, mi alma se alegrará en mi Dios; porque me vistió con vestiduras de salvación, me rodeó de manto de justicia, como a novio me atavió, y como a novia adornada con sus joyas» (Isa. 61:10).

El alma del profeta se alegra porque ha llegado el perdón de pecados y la justicia divina que es solo por gracia. Es sorprendente que alguien se alegre tanto por algo que sucedería en el futuro, pero es que no se trata de cualquier cosa sino de algo grande y eterno. Se trata de ver la gloria de Dios bajar y estar entre nosotros. El profeta está seguro de que Dios cumpliría Su promesa de salvación. Esto era suficiente para el profeta Isaías. Anunciar y proclamar la salvación de Israel y del mundo.

Jesús es el cumplimiento de la profecía de esperanza

En el evangelio de Lucas 4:17-21 podemos leer: «Y se le dio el libro del profeta Isaías; y habiendo abierto el libro, halló el lugar donde estaba escrito: El Espíritu del Señor está sobre mí, por cuanto me ha ungido para dar buenas nuevas a los pobres; me ha enviado a sanar a los quebrantados de corazón; a pregonar libertad a los cautivos, y vista a los ciegos; a poner en libertad a los oprimidos; a predicar el año agradable del Señor. Y enrollando el libro, lo dio al ministro, y se sentó; y los ojos de todos en la sinagoga estaban fijos en él. *Y comenzó a decirles: Hoy se ha cumplido esta Escritura delante de vosotros*».

Es Jesús mismo quien está leyendo esta Escritura. Jesús es el cumplimiento de la profecía de Isaías y la salvación que ha venido a Israel y al mundo. Jesús es quien perdona nuestros pecados. Jesús es el regalo inmerecido. Jesús es quien nos restaura y cubre con Su propia justicia. En Él ahora somos justas delante de Dios, e hijas amadas adornadas con la santidad del Hijo unigénito de Dios.

Si hoy te encuentras desanimada, abatida y lejos de Dios porque has fallado y pecado contra Él, te animo a venir en arrepentimiento y fe creyendo que Dios puede perdonarte. El Salvador ha venido a limpiarte de tus pecados, restaurante y santificarte. En Cristo ya eres una mujer adornada con joyas preciosas y Dios sigue preparándote para tu encuentro con Él. Nuestra historia sigue. Es verdad, Eva fue exiliada del Edén, el pueblo de Israel fue exiliado de la tierra prometida y nosotras seguimos en exilio en un mundo caído, pero si creemos en Cristo hemos sido redimidas. Así que gózate, así como el profeta Isaías, gózate tú también en la salvación que hay en Cristo. Él vino a salvarnos de la condena y esclavitud del pecado. Ahora, por medio de Él tenemos comunión con Dios. Gózate porque Él volverá para completar Su plan de salvación del mundo y nos llevará del exilio a estar eternamente en Su presencia. Ya no volveremos a pecar, ya no volveremos a estar fuera de Su presencia y disfrutaremos de Él eternamente y para siempre. Esperemos con gozo en Él. «El que da testimonio de esas cosas dice: Ciertamente vengo en breve. Amén; sí, ven, Señor Jesús» (Apoc. 22:20).

Día 15

La paz que tu alma anhela

Pamela Espinosa

Lectura de hoy: Mateo 5

Bienaventurados los pacificadores,
porque ellos serán llamados hijos de Dios.
Bienaventurados los que padecen persecución
por causa de la justicia,
porque de ellos es el reino de los cielos.
Bienaventurados sois cuando por mi causa
os vituperen y os persigan,
y digan toda clase de mal contra vosotros,
mintiendo.

Mateo 5:9-11

En este pasaje, comúnmente conocido como el Sermón del Monte, Jesús se reúne con Sus discípulos y las multitudes que lo siguen, mientras comienza a enseñar y hablar a sus corazones. Encontramos nueve bienaventuranzas, o bendiciones, y un mandato a regocijarnos y alegrarnos. Cuando leo esto: Bienaventurados los que procuran la paz [...]. Bienaventurados los que han sido perseguidos [...]. Bienaventurados cuando los insulten y persigan [...] (Mat. 5:9-11), en mi corazón surgen estas preguntas, *¿En quién está mi paz? ¿En dónde encuentro la quietud que mi alma atribulada anhela en medio de mis problemas?*

La esperanza que vemos en las bienaventuranzas de Mateo, al igual que la que notamos en el escrito de Lucas 6, es la que se encontraba en ese momento hablando a Sus discípulos. No es la paz que tenemos al vivir una vida libre de aflicción y problemas, es la paz que se encuentra con nosotros en nuestra pobreza de espíritu y nos señala hacia un reino celestial venidero. No es la paz que obtenemos cuando todo va bien y marcha sin dificultad, es la paz que se encuentra con nosotros en nuestras lágrimas y nos consuela. No es la paz que el mundo nos ofrece, es la paz que se relaciona contigo y conmigo en medio de nuestra hambre, es la paz que nos ve en nuestra necesidad y nos provee saciedad. Esta paz es Jesús, en Él encontramos el descanso para nuestras almas intranquilas.

«Bienaventurados los que procuran la paz, pues ellos serán llamados hijos de Dios» (Mat. 5:9, NBLA). Jesús es nuestra paz.

> Porque Él mismo es nuestra paz, y de ambos pueblos hizo uno, derribando la pared intermedia de separación, poniendo fin a la enemistad en Su carne, la ley de los mandamientos expresados en ordenanzas, para crear en Él mismo de los dos un nuevo hombre, estableciendo así la paz, y para reconciliar con Dios a los dos en un cuerpo por medio de la cruz, habiendo dado muerte en ella a la enemistad. Y VINO Y ANUNCIÓ PAZ A USTEDES QUE ESTABAN LEJOS, Y PAZ A LOS QUE ESTABAN CERCA. Porque por medio de Cristo los unos y los otros tenemos nuestra entrada al Padre en un mismo Espíritu. (Ef. 2:14-18, NBLA)

El descanso que mi alma anhela ya ha sido comprado en la cruz por mi Salvador, ¡por eso soy llamada bienaventurada! La paz que busca mi corazón, la encuentro en mi Cristo, en quien he sido llamada Su hija. Así que te animo a mirar a Cristo y recordar Sus promesas, mira a Cristo y descansa en Su persona. Medita en Su misericordia que es nueva cada mañana, descansa en Su justicia que te ha sido dada por Su sacrificio en la cruz. Agradece y alaba Su tierno amor por ti.

En Mateo y en Juan encontramos pasajes que nos ayudan a entender más como Cristo provee este gozo y paz. En Mateo 5:12 leemos: «Gozaos y alegraos, porque vuestro galardón es grande en los cielos; porque así persiguieron a los profetas que fueron antes de vosotros». Mi gozo y alegría están en la esperanza que tengo en Él, mi paz la encuentro en Él mismo, en Cristo y Su obra por nosotras. En Juan 16:33 leemos: «Estas cosas os he hablado para que en mí tengáis paz. En el mundo tendréis aflicción; pero confiad, yo he vencido al mundo»; las aflicciones en este mundo continúan, su quebranto y su dolor nos seguirán tocando e invadiendo mientras caminamos y vivimos de este lado de la eternidad, pero nuestra esperanza se encuentra en la verdad de que Él ha vencido al mundo, en Él tenemos nuestra paz, no una efímera e incierta como la que el mundo nos ofrece, Él nos otorga una paz eterna, en Él nuestro corazón puede estar confiado y sin temor.

Así que mientras caminas a través de la pobreza, el llanto, el hambre y la persecución, recuerda que eres llamada hija de Dios, que la salvación y seguridad eterna de tu alma es segura y que puedes mirar a Aquel quien te dice que nos alegremos y que estemos contentas. ¿Por qué? Porque nos espera una gran recompensa en el cielo (Mat. 5:12). La paz que tu alma anhela ya ha sido satisfecha en la cruz por ti.

Te animo a orar conmigo: Padre, gracias por la buena noticia de paz que has traído a nosotras por medio de la obra de Cristo en la cruz, gracias por el acceso que nos das a Ti y por destruir el muro que nos separaba.

Que pueda cada día meditar y recordar Tu amor por mí, tanta misericordia que me ha sido otorgada y que mi corazón pueda aferrarse a Tu paz mientras continúo anhelando el día que contemple Tu rostro, vea Tu rostro en justicia y esté «satisfech(a) cuando despierte a Tu semejanza» (Sal. 17:15).

Día 16
Confía
Eunice Elizondo

Lectura de hoy: Mateo 10

Pues aun vuestros cabellos están todos contados. Así que, no temáis; más valéis vosotros que muchos pajarillos.

Mateo 10:30-31

Mi familia y yo disfrutamos mucho de la naturaleza. Nos gusta salir a caminar por el parque o la montaña. Realizar actividades al aire libre nos llena de energía. Al caminar al aire libre me doy cuenta cómo mis sentidos me llevan a prestar atención a detalles de la creación de Dios, como el cambio de color en las hojas de los árboles o los diferentes tipos de pajarillos. En el pasaje de hoy veremos cómo esos pajarillos nos recuerdan una verdad poderosa que infunde una profunda confianza en nuestro Dios: *Él es soberano.*

En el capítulo 9 de Mateo, Jesús estaba recorriendo ciudades y aldeas predicando, enseñando y sanando enfermos. ¡Es increíble leer de tantos milagros en un solo capítulo! Allí vemos que Él sanó a un paralítico, a una mujer con flujo de sangre, a dos ciegos, a un mudo endemoniado y resucitó a una niña. Con razón dice Juan que si se escribieran todas las cosas que hizo Jesús, ¡la cantidad de libros sería tal que no cabrían en el mundo! (Juan 21:25). Al final del capítulo 9, Jesús les dice a Sus discípulos que hay mucho trabajo por hacer pero pocos obreros, y procede a darles la misión cristiana de proclamar el reino. Jesús resalta una necesidad (obreros), les dice a los discípulos que oren e inmediatamente los equipa para suplir esa necesidad (les da autoridad sobre espíritus inmundos y poder para sanar). Luego les proporciona indicaciones para proclamar el reino. Jesús, siendo Soberano, también les informa de los peligros que pregonar el reino trae. Los encarcelamientos, los azotes e incluso la pérdida de la vida por el evangelio eran realidades tangibles en esa época (y siguen siendo realidades en algunas partes del mundo), así que Jesús alienta a Sus discípulos a proclamar el Reino sin temor, y les recuerda que ellos son valiosos para Dios, que Dios está al cuidado de su vida.

La misión que les entregó a los discípulos no era fácil, pero no estaban solos. Dios estaba con ellos.

¿Qué significa esta misión de proclamar el Reino? Anunciar las buenas noticias de salvación a todas las personas. Que Jesús nació, vivió una vida sin pecado, murió en una cruz por nuestros pecados y resucitó al tercer día «para que todo aquel que en él cree, no se pierda, más tenga vida eterna» (Juan 3:16). ¡Qué glorioso evangelio!

Dentro de esta misión, encontramos un par de versículos que pueden traer paz y aliento al corazón (Mat. 10:30-31), los cuales reflejan uno de los atributos maravillosos de Dios: Dios es Soberano. Él está en control de todas las cosas. Nada se escapa de Su control. Si alguna vez te has cuestionado si Dios está al tanto de los pequeños detalles de tu vida, medita en este pasaje. Jesús animó a Sus discípulos a proclamar el Reino a pesar de todos los retos y dificultades que enfrentarían, prometiendo que Él estaría con ellos y recordándoles que para Dios no pasa desapercibida ni siquiera la muerte de un pajarillo. Siempre me ha asombrado cómo Él conoce cada detalle, incluso cuántos cabellos hay en nuestra cabeza. ¡Qué paz y tranquilidad nos da conocer que tenemos un Dios que todo lo sabe y que absolutamente nada se escapa de Su control! Tenemos un Dios Soberano que nos da una misión y no espera que la cumplamos por nuestra cuenta. Él nos acompaña, nos equipa y nos lleva de la mano para cumplir Sus propósitos y, al mismo tiempo, nos recuerda que Él es Soberano y que no importa lo que nos suceda, Él está en control.

No olvides que Dios te creó con un propósito, que eres valiosa para Él y nada de lo que sucede en tu vida pasa desapercibido. Muchas veces luchamos con pensamientos que no son verdad. Recuerda llenarte de verdades bíblicas para estar lista para combatir todas las mentiras que llegan a tu mente. Lee tu Biblia, deja que Dios te hable, te enseñe y te corrija a través de ella, y ora para que Su Espíritu te guíe a hacer lo correcto.

Esta misión de proclamar Su Reino sigue vigente. La realidad es que muchos de nosotros no sufrimos el nivel de persecución que vivieron los discípulos en aquellos días. Aun así, cualquiera sea la dificultad que encontremos en el camino, Dios quiere que proclamemos las buenas nuevas de salvación a todas las personas. Y si vienen a tu mente pensamientos de temor, recuerda que puedes descansar en esta verdad: *no estás sola*, Él te conoce por nombre y en Su soberanía cuida de cada detalle de tu vida.

Día 17

El Buen Pastor va adelante

Masiel Mateo

Lectura de hoy: Juan 10

Mas el que entra por la puerta, el pastor de las ovejas es. A este abre el portero, y las ovejas oyen su voz; y a sus ovejas llama por nombre, y las saca. Y cuando ha sacado fuera todas las propias, va delante de ellas; y las ovejas le siguen, porque conocen su voz. Mas al extraño no seguirán, sino huirán de él, porque no conocen la voz de los extraños. Esta alegoría les dijo Jesús; pero ellos no entendieron qué era lo que les decía.

Juan 10:2-6

¿Alguna vez has estado de rodillas, clamando a Dios por paz verdadera, esa que es capaz de reducir los latidos de tu corazón y acallar tu mente? Yo he estado ahí múltiples veces y estoy segura de que si tienes este libro en tus manos, al menos una vez te ha pasado. La realidad es que estamos viviendo tiempos turbulentos y el mundo cada día se deteriora más. Según la OMS, más de 264 millones de personas en el mundo padecen de algún tipo de ansiedad, aunque sea mínima.[1] Estos son datos alarmantes, pues con los panoramas actuales en política y economía, no parece que esta realidad vaya a mejorar.

Pese a todo este panorama, la Palabra de Dios nos ofrece una perspectiva distinta, y la encontramos en los versículos 2 a 4 del capítulo 10 del libro de Juan:

> Mas el que entra por la puerta, el pastor de las ovejas es. A este abre el portero, y las ovejas oyen su voz; y a sus ovejas llama por nombre, y las saca. Y cuando ha sacado fuera todas las propias, va delante de ellas; y las ovejas le siguen, porque conocen su voz.

Esta es una parábola que nuestro Señor Jesús toma de las costumbres de Oriente en cuanto al cuidado de las ovejas. En el pasado, el pastoreo (de ganado)

---

1. Equipo Singlecare, *«Estadísticas ansiedad 2024»*, 21 febrero 2024. https://www.singlecare.com/es/recursos/estadisticas-de-ansiedad#:~:text=Se%20estima%20que%20264%20millones,todo%20el%20mundo%20padecen%20ansiedad

era un trabajo común, aunque visto como denigrante, pero en la actualidad es una de las profesiones que sufre la falta de mano de obra y depende del relevo generacional, además de que muchos trabajadores no están preparados o dispuestos a la dureza del oficio. Aquí no hay fines de semana, vacaciones ni días libres, el rebaño de ovejas no sabe cómo cuidarse ni defenderse, por lo que el pastor debe guiarlas, protegerlas, estar pendiente de sus comidas y estar con ellas 24/7. Impresionante, ¿no? Lo es más aún al leer el versículo de hoy, pues en Su parábola nuestro Señor y Salvador Jesús se define a sí mismo: «Yo soy el buen pastor; el buen pastor su vida da por las ovejas» (Juan 10:11). Y siguiendo la misma idea, solo Su iglesia, Sus hijos somos considerados las ovejas de Su rebaño.

En Juan 10 podemos notarnos tres aspectos que nos ayudan a encontrar paz:

1. **Solo el pastor entra por la puerta (v. 2):** El verdadero pastor y dueño del rebaño es quien tiene acceso a la entrada del redil y, cuando entra, llega solo para hacer bien a sus ovejas. Nuestro Pastor puso Su vida a nuestro servicio como sacrificio perfecto por nuestro bien y podemos descansar en que, si estamos en Su rebaño, Él es quien nos ofrece Su tierno cuidado (vv. 9, 11).

2. **El pastor llama a Sus ovejas por su nombre (v. 3):** En la práctica del pastoreo de ganado,

los pastores llegan a manejar hasta 900 ovejas, y la parte más importante del trabajo es **no permitir que las ovejas se descarríen** del rebaño, porque cuando andan por sí mismas quedan sin protección ni sentido de la ubicación. ¡Así sucede con nosotros! Dios nos conoce y nos llama por nombre, proveyendo así la seguridad que necesitamos para mantenernos dentro del redil (vv. 7-9).

3. **Las ovejas lo siguen porque conocen Su voz (vv. 14-16):** Los pastores de ovejas van delante de ellas para protegerlas de cualquier ataque de animales feroces. Van guiando el camino que ellas deben seguir para llegar al destino que solo el pastor conoce. Esta característica de la labor del pastor es hermosa, y nos hace entender mejor por qué Jesús utilizó este símil. Como el buen Pastor, Jesús va iluminando nuestro camino, guiándonos y proveyendo el cuidado tierno que necesitamos para seguir tras Sus pasos. ¿Existe sobre la tierra alguna otra cosa que pueda proveer esta grandiosa paz?

El señor Jesús llama personalmente a quienes Él ha predestinado (Ef. 1:5), y como ovejas nos saca a la libertad que solo se encuentra en Su gracia. Como buen pastor, no nos permite ir donde Él no ha ido primero. La ansiedad de la que hablamos al inicio se magnifica cuando nos enfocamos en el futuro incierto, la espera incómoda o las malas circunstancias que aparentan no acabar. ¡Pero Dios ya está ahí! Él conoce todo, Él orquesta cada minuto de nuestra existencia para Su gloria y por nuestro bien. Podemos confiar en Su soberanía, podemos descansar en Su gracia y, sobre todo, podemos encontrar abundante paz en nuestro Buen Pastor que va delante.

Día 18

Cuando el agobio y la ansiedad acechen tu corazón

Jenny Thompson de Logroño

Lectura de hoy: Juan 14

*No se turbe vuestro corazón;
creéis en Dios, creed también en mí.*
Juan 14:1

En el capítulo 14 del Evangelio de Juan tiene lugar una de las conversaciones más íntimas y conmovedoras de Jesús con Sus discípulos. A pocas horas de ser entregado a Sus perseguidores por uno de los suyos, Cristo toma tiempo para preparar el corazón de Sus discípulos con palabras de aliento y esperanza.

Jesús sabía que lo que iba a suceder llenaría de incertidumbre a todos aquellos que habían creído en Su mensaje y tenían su esperanza puesta en Él. Estaban a punto de experimentar mucha confusión cuando vivieran la singular situación del arresto y muerte de Aquel que consideraban el elegido de Dios para librarlos de todas sus penurias terrenales.

Durante esta cena especial de preparación para la Pascua, Jesús escoge de manera amorosa cada palabra y acción para que fueran recordadas por todos los presentes. Les enseña, a través de Su propio ejemplo, a servirse y amarse los unos a los otros. El Maestro se aflige al anunciarles nuevamente Su inminente partida y los llama a mantener la paz y la confianza en Sus preciosas promesas.

«No se turbe vuestro corazón... Creéis en Dios, creed también en mí» (v. 1). Jesús enseña a Sus acompañantes a no enfocarse en las circunstancias aparentemente desfavorables, sino en su fe en Dios. ¿Crees? Si verdaderamente crees, entonces no tienes por qué angustiarte. ¿Cuántas veces hemos experimentado desasosiego, ansiedad y preocupación ante una situación que sale de nuestro control o a la que no encontramos solución? La turbación nos lleva a perder la esperanza y a desenfocarnos, al punto de olvidar en quién hemos creído. Jesús nos llama a no agobiarnos, sino a poner nuestra confianza en Sus promesas. Conocer al Padre y a Cristo en el Padre nos fortalece para enfrentar cualquier circunstancia en nuestra vida.

En los versículos 2 y 3, Jesús revela qué sucederá cuando Él ya no esté en este plano terrenal: «**Voy, pues, a preparar lugar para vosotros**». ¡Qué hermosa promesa! Esta garantía de que estaremos de manera permanente junto a Él en el cielo cambia nuestra perspectiva de las cosas terrenales y pasajeras que nublan nuestro entendimiento, dándonos una visión eterna que nos fortalece para enfrentar las dificultades de este mundo.

En el versículo 6, Cristo dice: «**Yo soy el camino, y la verdad, y la vida**», dando a conocer de forma clara que Él y el Padre son uno, y que solo a través de Él podemos tener acceso al Padre. Esta declaración es uno de los grandes pilares de nuestra fe. Poner nuestra confianza en Jesús nos lleva al Padre y nos da seguridad en las promesas que hemos recibido a través de Él.

En este punto de Su discurso de despedida, Jesús sigue animando a Sus discípulos al asegurarles que, aunque no esté físicamente entre ellos, rogará al Padre para que envíe al Espíritu Santo a morar de manera íntima y permanente en sus corazones. La presencia del Espíritu de verdad, el Consolador, en nuestro interior es la clave para vivir conforme a los propósitos del Señor.

La persona del Espíritu Santo completa la obra de nuestro Trino Dios en Sus hijos, desempeñando un papel vital en nuestra tarea diaria de glorificar a Cristo en todo lo que hacemos, convirtiéndose en nuestro ayudador, consolador, guía, consejero e intercesor. Debemos valorar el inmenso regalo que Dios nos da al enviarnos Su Espíritu. Este regalo viene junto a una de las promesas más hermosas de las Escrituras: Cristo nos promete una paz diferente a la que el mundo ofrece, una paz fundamentada en la confianza de saber que Dios es soberano y fiel a Sus promesas: «**La paz os dejo, mi paz os doy; yo no os la doy como el mundo la da**» (Juan 14:27). La paz que Jesús nos otorga es verdadera y duradera, para que podamos sobrellevar cualquier circunstancia adversa.

Jesús exhorta a quienes lo escuchan a que, si verdaderamente lo aman, lo demuestren obedeciéndole. Nuestra confianza en Dios se manifiesta a través de nuestra obediencia a Sus estatutos, y a medida que obedecemos, podemos experimentar el cuidado y la protección de nuestro Padre. En Su Palabra, Dios nos ha dejado ejemplos de hombres que, en medio de sus pruebas, escucharon la voz del Señor, corrieron hacia Él y descansaron en Sus promesas:

- **Abraham**: Dios le pidió que sacrificara a su hijo, y él obedeció confiando en que Dios proveería. Dios detuvo el sacrificio y proveyó un carnero en lugar de Isaac (Gén. 22).

- **José**: Fue vendido como esclavo por sus hermanos y luego fue encarcelado injustamente en Egipto. Sin embargo, mantuvo su fe y Dios lo elevó a una posición de poder en Egipto, donde pudo salvar a su familia y a muchos otros durante una gran hambruna (Gén. 37–50).

- **Moisés**: Enfrentó numerosos desafíos en el desierto, pero descansó en la promesa de que Dios proveería guía, alimento y protección a los israelitas (Ex. 14).

- **Pablo**: Sufrió persecuciones, encarcelamientos y muchas otras dificultades por predicar el evangelio. Pablo mismo escribió en Romanos 8:28: «Y sabemos que a los que aman a Dios, todas las cosas les ayudan a bien», mostrando su confianza en el propósito y plan de Dios incluso en las pruebas.

Amada hermana, cuando te sientas agobiada y turbada, corre a tu Biblia y refúgiate en las promesas de Dios que allí están plasmadas. Lee Juan 14 y haz tuyas las palabras de Jesús:

- No se turbe tu corazón; cree en Mí.
- Tienes una morada permanente en los cielos, conmigo.
- Recuerda que Yo soy el camino, la verdad y la vida.

– No te dejaré sola; el Padre ha enviado a Su Espíritu para que te acompañe siempre.

– En Mí tendrás una paz verdadera y duradera, diferente a lo que el mundo pueda ofrecerte.

– ¿Me amas? Obedéceme y confía. ¡Yo he vencido al mundo y vendré pronto a buscarte!

Día 19

La paz en la permanencia en Cristo

Esther St. John

Lectura de hoy: Juan 15

Permaneced en mí, y yo en vosotros. Como el pámpano no puede llevar fruto por sí mismo, si no permanece en la vid, así tampoco vosotros, si no permanecéis en mí.

Juan 15.4

Todos queremos paz. Todos soñamos con vivir una vida sin problemas ni presiones que nos hagan «perder la cabeza». Sin embargo, la vida cristiana se caracteriza por las muchas aflicciones que vivimos (2 Cor. 4:16-18), ya sea a causa del pecado original en el mundo o del pecado en nuestro propio corazón (Gén. 3; Sant. 4). El capítulo 15 del libro de Juan es una continuación de la conversación que Jesús tuvo con Sus discípulos mientras caminaba con ellos hacia el monte de Getsemaní. En este punto Jesús ya había anunciado que sería traicionado por Judas (Juan 13:21) y negado por Pedro (Juan 13:38). Los discípulos estaban afligidos, pero sus corazones se entristecieron aún más con la noticia de la pronta partida de Jesús. Su paz se desmoronaba y reinaba el caos en sus corazones. Con mucho amor, Jesús los anima a no temer. Él les recuerda que el Espíritu Santo vendría y traería consolación y memoria de todas las cosas que Él les había enseñado.

En Juan 14:27 Jesús les dice a Sus discípulos que Él es el dador de la **paz** verdadera. La única paz que necesitan. La pregunta es: ¿A qué tipo de paz se refiere Jesús cuando todo alrededor de los discípulos parece caerse a pedazos? Para comprender un poco más el contexto veamos el inicio del texto. En Juan 15:1-2 Jesús se identifica como la vid y Su Padre como el labrador que limpia la vid. Con esto se refiere al proceso de santificación que experimentarían los discípulos como creyentes. La santificación es el proceso que Dios usa para transformar nuestros corazones a la imagen de Cristo. El pastor Sugel Michelén, en uno de sus sermones sobre este pasaje nos cuenta que su familia tenía una viña en su propiedad. Él dice que cuando era pequeño, durante el invierno, él miraba a su papá podar la vid hasta dejarla aparentemente «muerta». Sin embargo, una vez que llegaba la primavera, la vid comenzaba a crecer más fuerte y producía aún más frutos que el año anterior.[1] Así es el proceso de santificación. Es doloroso, pero al mismo tiempo efectivo para remover todas las impurezas de nuestro corazón y hacernos crecer en santidad.

Ahora, ¿qué tiene que ver esto con la permanencia en Él, en Cristo? Y, ¿por qué es esto relevante cuando hablamos de la paz? ¡Qué bueno que tienes las mismas preguntas que yo! Respondamos a la primera pregunta. Déjame decirte que, a lo largo de mi vida cristiana, este pasaje en particular fue malinterpretado de muchas maneras. Esta mala interpretación dio como resultado una mala aplicación del pasaje en mi vida. No sé tú, pero yo tenía la tendencia a enfocarme en la necesidad de producir fruto, para así demostrarle a Dios que era digna de permanecer en la vid y no ser echada al fuego (v. 6). Mi temor a ser quemada junto con las ramas que no dan fruto me llevó a vivir una vida de legalismo, falta de comunión con Dios y los hermanos. Sentía la necesidad de sobrepasar las expectativas de «santidad» que yo creía que Dios y los miembros de la iglesia tenían de mí. De más está mencionar que no había paz en mi corazón. No había paz a causa de todos mis pecados sin confesión. No tenía paz porque quería

---

1. Sugel Michelén, *«Yo soy la vid» - Juan 15:1-8*, 29 de septiembre de 2024. https://www.youtube.com/watch?v=8KPGmpX-gCA.

pretender que mis pecados no eran tan malos como los de mis hermanos y hermanas en Cristo. No tenía paz porque estaba confiando en mis propias habilidades para limpiar mi maldad. Creía que Jesús dependía de mí para producir frutos –llámese evangelización, servir en diferentes ministerios, ofrendar y ser una cristiana ejemplar– y que esto me traería gloria y paz. En conclusión, no tenía paz para con Dios por medio de Jesucristo (Rom. 5:1-3), pero buscaba esa paz por medio de mis obras. Este pasaje habla de todo lo contrario. La permanencia en Dios **significa depender totalmente de Jesús y de Su Palabra y ver como *Su vida* produce fruto en nosotros para la gloria del Padre (Juan 15:8)**.

De la misma manera que una rama fuera del tronco no puede producir fruto, una vida que no permanece en Dios no puede reflejar a Cristo. Dar fruto es un estilo de vida y no una ocasión aislada. No es una casilla que podemos marcar y olvidar. Muchas veces queremos depender de Jesús para algunas cosas y luego depender de nosotros para otras. Sin embargo, Jesús quiere que dependamos completamente de Él porque, de lo contrario, somo incapaces de obedecer (Juan 15:5). Es Jesús quien nos da la capacidad de reflejar Su amor y paciencia para con los demás. Jesús no nos «ayuda» a producir el fruto como algunos piensan. Jesús se refleja en nosotros y es Él el que produce Su fruto.

Esto nos lleva a la segunda pregunta: ¿Qué tiene que ver el permanecer en Jesús con la paz? Cuando Jesús nos dice que Él nos deja Su paz y que Él no la da como el mundo la da, se refiere a la paz que ahora tenemos con el Padre por medio de Él. Tenemos paz con Dios gracias al sacrificio que Jesús hizo en la cruz, y ya no somos considerados enemigos de Dios ni merecedores del fuego eterno. Sin embargo, la mayoría de las veces definimos la paz como la ausencia de situaciones difíciles o dolorosas en la vida o incluso como un sentimiento de quietud en nuestro corazón. Pero Jesús se refiere al cambio de estado. Hemos pasado de ser hallados culpables a ser llamados justos delante de Dios de una vez y para siempre. De todos modos, así como la vid del pastor Sugel Michelén, seremos podados y limpiados por Dios para crecer aún más. Probablemente sentiremos que todas estas tribulaciones nos han dejado como «muertos», pero sabemos que si estamos aferrados a la raíz, que es Cristo, floreceremos y reflejaremos a Jesús aún más después de la tempestad.

Incluso cuando las situaciones en nuestra vida son turbulentas, sabemos que tenemos paz con Dios. Podemos confiar que estas situaciones son usadas por Dios para hacernos más como Cristo y reflejar el carácter de Cristo en nosotros. Estas dificultades nos llevan a depender aun más de Dios porque ya no tenemos ramas propias de donde sostenernos, sino que ahora tenemos la seguridad de que es Él quien nos sustenta. Mi amada hermana, ¿has estado tratando de producir fruto en tus propias fuerzas? Dios nos invita a permanecer en Él hoy.

Día 20
La paz del Espíritu Santo en nosotros
Esther St. John

Lectura de hoy: Juan 16

> Estas cosas os he hablado para que en mí tengáis paz. En el mundo tendréis aflicción; pero confiad, yo he vencido al mundo.
> *Juan 16:33*

Recuerdo cuando estaba en exámenes finales en el cuarto grado. Usualmente, la maestra hacía varias actividades para ayudarnos a obtener puntos extra y así proveer oportunidades para mejorar nuestra calificación. Sin embargo, esa mañana decidió cambiar su estrategia. Ella sonrió y dijo: «Niños, les tengo una buena y una mala noticia, ¿cuál quieren escuchar primero?». Recuerdo pedir la mala noticia primero. Pensaba que al escuchar la mala noticia primero haría que mi corazón luego se sintiera mejor con la buena noticia y no me afectaría tanto. La mala noticia era que ella ya no podía proveer más actividades para obtener puntaje extra. Me sentí derrumbada. Me preguntaba cómo iba a mejorar mi calificación. Especialmente cuando yo era la peor estudiante del salón. No me sentía preparada para hacer el examen. Me sentí abandonada.

Mi maestra siempre me sacaba de líos, pero en esta ocasión me estaba dejando sin alternativa. La esperanza llegó al momento de escuchar la buena noticia. A pesar de no tener actividades extra, la maestra extendería el tiempo de entrega del examen para poder prepararnos mejor. Ella nos ayudaría proporcionando guías de estudio para nosotros. Ahora me doy cuenta que, a mi corta edad, ya buscaba seguridad en las cosas que yo podía ver o «controlar». Las *actividades extra* me daban la oportunidad de tener «paz en mi corazón», ya que me ayudaban a calcular mi calificación final y asegurarme de que aprobaría mis materias. Sabía que si hacía muchas actividades extra, no iba a tener que preocuparme por la dificultad del examen. Sin embargo, mi maestra tenía un mejor interés en mente para nosotros. Ella conocía los beneficios de estudiar y esforzarse lo suficiente para obtener una buena calificación. Ella sabía que en el mundo real no tendríamos «actividades extra» para reponer puntaje y alcanzar una mejor evaluación. Era necesario que nos quitara esa opción y permitiera que nos enfrentáramos a los retos.

A lo largo del capítulo 16, Jesús hace una recopilación de buenas y malas noticias para Sus discípulos. Comienza diciéndoles que ellos serían rechazados, perseguidos e incluso muertos por mano de aquellos que se consideraban cumplidores de la ley (vv. 2-4). ¿Te imaginas como se sintieron los discípulos al escuchar estas palabras? Seguramente comenzaron a cuestionar y preguntarse por qué debía ocurrir esto. Jesús era el Mesías que había venido a salvarlos, pero su esperanza de salvación se desvanecía al escuchar esas palabras. Su «paz» se había esfumado y Jesús continuó con malas noticias al decirles que ellos ya no lo verían más. Él tenía que irse y dejarlos para cumplir la misión que Dios, El Padre, le había encomendado (v. 5). ¡Los discípulos estaban atribulados y entristecidos! ¿Quién podría ayudarlos? ¿Cómo era posible que Jesús iba a dejarlos pasar por tanta aflicción después de todos los milagros que había hecho? ¿Cómo era posible que Jesús se fuera y los dejara desamparados y sin alternativa? Sin embargo, vemos cómo en el versículo 7 les da una ¡buena noticia! Les dice que el Espíritu Santo vendría para dar consolación a sus corazones y para recordarles lo que Él les había enseñado, pero también traería **convicción de pecado**, de **justicia** y de **juicio**. ¡Estas eran buenas noticias para los discípulos! ¡Jesús les anuncia que ellos no estarían solos! Tendrían el consuelo del Espíritu

Santo, no únicamente alrededor de ellos como en el Antiguo Testamento, sino dentro de ellos como seres justificados por la *fe en Jesús*. En Él encontrarían la seguridad que estaban buscando. En Él tendrían la confianza para continuar en el caminar cristiano, a pesar de las dificultades. En Él serían recordados de la Paz que, por medio de Cristo, ahora tenían con el Padre. Por Él podrían dar testimonio de Jesús sin temor, a pesar de que Jesús ya no estaría con ellos.

Si nos ponemos a pensar, los discípulos predicaban al lado de Jesús. Ellos se enfrentaban a cualquier disputa teológica porque sabían que era Jesús mismo quien respondería. Ellos se enfrentaban a diferentes dificultades porque sabían que Jesús estaba con ellos y Él siempre proveería una salida. Sin embargo, ahora Jesús no estaría más allí para responder. ¿Cómo te sentirías tú en su lugar? Piensa en la última vez que tu fe fue cuestionada. Tal vez tuviste una conversación evangelística «incómoda» y sorpresiva con un familiar cercano. O quizá con tu vecina a quien no le caes bien porque piensa que eres «santurrona» y se burla de tu fe a tus espaldas. Hablo de este tipo de conversaciones inesperadas. Te toman desprevenida y los nervios se apoderan de ti. Mientras conversas, haces una pequeña oración en tu mente. Pero en lo que oras, tienes miles de pensamientos en tu cabeza y ninguno de ellos es lo suficientemente claro como para dar una presentación convincente del evangelio. Terminas quedándote callada y frustrada contigo misma. Ahora sientes que defraudaste a Dios por no haber convertido un alma más para Cristo. Crees que si hubieras estado más preparada y conocido un poco mejor tu Biblia no hubieses pasado vergüenza. Ahora quieres evadir este tipo de conversaciones hasta que te sientas «preparada» y sepas qué decir en el momento indicado. ¿Puedes relacionarte con esto? Espero que sí.

Es por eso que la buena noticia del versículo 8 nos anima a tener nuestra confianza y seguridad en la obra del Espíritu Santo y a caminar en obediencia aún cuando sea incómodo. El Espíritu Santo es el que convence al impío de sus pecados, no nosotros. El Espíritu Santo es el único que puede transformar el corazón de una persona, no nosotros. El Espíritu Santo da evidencia de la culpabilidad del pecador, no nosotros. La buena noticia es que el Espíritu Santo trabajaría con ellos, pero también permanecería en ellos para obrar a través de ellos. Mi amada hermana, la misma promesa es para nosotras el día de hoy. ¿Dónde te ves tentada a buscar seguridad y paz? Jesús nos dice en este día que encontramos esa Paz y seguridad únicamente en Él y no en el mundo, y mucho menos en nosotras mismas. La mala noticia es que seremos afligidas a causa del pecado en un mundo caído, pero la mejor noticia es que Cristo ha vencido al mundo. ¡No estamos solas! El Espíritu Santo está con nosotras todos los días. Gloria a Dios.

Día 21

Paz en la unidad con Dios

Esther St. John

Lectura de hoy: Juan 17

> Mas no ruego solamente por estos, sino también por los que han de creer en mí por la palabra de ellos, para que todos sean uno; como tú, oh Padre, en mí, y yo en ti, que también ellos sean uno en nosotros; para que el mundo crea que tú me enviaste.
>
> *Juan 17:20-21*

El conflicto es un fruto del pecado original. Desde el momento en el que Adán y Eva pecaron contra Dios, sus vidas se vieron marcadas por conflicto y desunión. El pecado los volvió enemigos de Dios, así como enemigos entre ellos y sus descendientes. En la Biblia podemos encontrar los testimonios de personas cuyas vidas fueron manchadas por la tinta negra del pleito relacional que solamente reflejaba su necesidad por *un salvador*. Por ejemplo, vemos la enemistad que dio a luz el asesinato de Abel (Gén. 4), así como la cruel maldad de los hombres en el tiempo de Noé, que dio como resultado la destrucción de la tierra por medio del diluvio (Gén. 6). También vemos la torre de Babel, cuyo objetivo era llegar al cielo y ser reconocidos por generaciones (Gén. 11), pero lo único que produjo fue más división. Asimismo leemos sobre la falta de fe de Sara y el nacimiento ilegítimo de Ismael por medio de Agar (Gén. 21). Agar llegó a odiar a Sara y esto trajo como consecuencia el destierro de Agar junto con su hijo al desierto. También podemos ver la destrucción de Sodoma y Gomorra a causa del pecado que reinaba en ambas cuidades (Gén. 19). Obviamente no podemos dejar atrás el conflicto entre los hermanos Jacob y Esaú (Gén. 25), el conflicto entre las hermanas Raquel y Lea (Gén. 29) y el conflicto entre José y sus hermanos (Gén. 37). Estos son solo algunos ejemplos encontrados en el libro de Génesis. Toda la Biblia está llena de conflictos porque revela el pecado que está en el corazón de la humanidad.

En Juan 17 vemos a Jesús en Su último momento. ¿Y qué decide hacer? Orar por Su pueblo e interceder por ellos ante Dios el Padre. Tomemos un momento para reflexionar en esta hermosa escena de amor. Jesús, el Hijo de Dios, el Cordero sin mancha está por ser crucificado por los pecados de la humanidad. Es en ese preciso momento que Él ora por la salvación de aquellos que estaban con Él, los que lo vieron y escucharon las buenas nuevas de Sus propios labios o por boca de los discípulos. Él oró para que ellos pudieran obtener la vida eterna y ser reconciliados con Dios a través del sacrificio que estaba por hacer. ¡Cuánto amor demostró Jesús al pensar en los suyos en los últimos momentos de Su vida terrenal! Él oró por aquellos que lo crucificaban, mostrando así Su sacerdocio al sacrificarse en lugar de los que realmente merecían ese castigo. Ellos eran los verdaderos enemigos de Dios, pero Dios, en Su gran amor, nos dio a Su Hijo Jesús para traer restauración a la relación que estaba quebrada a causa del pecado.

A lo largo de los versículos 20-26 Jesús ora para que los suyos sean *uno,* así como Él lo es con el Padre. ¿A qué tipo de unidad se refiere Jesús en esta oración? Recuerdo que, al culminar mi primera especialización como consejera bíblica, la agencia certificadora estaba ofreciendo una especialización en resolución de conflictos. Pensé en todas las necesidades que teníamos en mi iglesia local y el beneficio que sería el profundizar en este tema. Con tan solo una semana de haber iniciado el curso, me encontré rodeada de pleitos por doquier. Sabía que Dios estaba siendo intencional en proveer oportunidades para poner en práctica los conceptos y el fundamento bíblico que estaba aprendiendo para manejar el conflicto de una manera que le honrara a Él. Mientras tomaba el curso, tuve la oportunidad de caminar con algunas hermanas de la iglesia a las que les parecía que el ministerio de mujeres no estaba siendo bien administrado. En lugar de comunicar sus preocupaciones a las líderes del ministerio o al pastor ejecutivo, ellas comenzaron a murmurar y a quejarse con otros miembros de la iglesia a espaladas del liderazgo. Yo pude ver cómo la unidad de estas hermanas estaba quebrada por el pecado dentro de sus corazones. No había *unión* sino que reinaba la división.

Sin embargo, al leer este pasaje, vemos cómo Jesús **no** está orando por este tipo de unidad. Su oración **no** está dirigida al deseo de que Sus hijos tengan una buena relación entre ellos. Como la típica madre que desea que sus hijos dejen de pelear por amor a ella y se lleven bien. Esta es una interpretación del texto muy superficial. En lugar de esto, Jesús ora para que Su pueblo sea uno como Él lo es con Dios. Se refiere a la unidad de esencia. Jesús ora por la salvación de Su pueblo para que ellos tengan vida eterna y reflejen los atributos comunicables que tanto Él como el Padre poseen. Estos son la fidelidad, la santidad, la justicia, la misericordia, el amor y la ira de Dios. Que la unidad que ellos tengan con el Padre sea verdadera y evidente. En el versículo 21 Jesús dice: «Para que todos sean uno; como tú, oh Padre, en mí, y yo en ti, que también ellos sean uno **en nosotros**; para que el mundo crea que tú me enviaste». ¿Cuál es el objetivo de esta unión? Que podamos no solamente compartir el evangelio, sino vivir el evangelio diariamente.

Mi amada hermana, la paz y la unidad entre nosotros brota de la unión que tenemos con el Padre. Esta unión fue posible únicamente por el sacrificio que Jesús hizo por todos. La enemistad que había entre Dios y los seres humanos fue reconciliada en la cruz. Es por esta razón que podemos vivir en paz tanto con Dios como entre nosotros. ¡La oración de Jesús fue contestada! Y con un gran ¡AMÉN! Gracias a Él fuimos hechos salvos, pero también tenemos la promesa de que seremos santificados y hechos a la imagen de Cristo. Esto es *ser hechos perfectos.* Y cuando venga el gran día, seremos glorificados juntamente con Él y viviremos con Él en la eternidad. ¡Esta es una razón de celebración! Es por esto que podemos llamarnos hermanos y hermanas porque fuimos comprados por la misma sangre y únicamente por la gracia inmerecida que nos fue dada por Dios (Ef. 2:8). Es por eso que podemos dejar atrás nuestras diferencias y preferirnos los unos a los otros. Por eso podemos orar los unos por los otros (Sant. 5:16) y llevar las cargas los unos de los otros (Gál. 6:2), por el gran amor que Cristo mostró por nosotros. Él nos ama, así como el Dios Padre ama al Hijo y el Hijo ama al Padre. Por Cristo ahora podemos ser uno en Él. ¿Puedes ver evidencia de tu unión con el Padre en la manera en la que te relacionas con los demás?

Día 22

Quién es la verdadera paz

Susana de Cano

Lectura de hoy: Romanos 5

Justificados, pues, por la fe, tenemos paz para con Dios por medio de nuestro Señor Jesucristo; por quien también tenemos entrada por la fe a esta gracia en la cual estamos firmes, y nos gloriamos en la esperanza de la gloria de Dios.

Romanos 5:1-2

La intranquilidad de nuestras almas, o la tristeza que supura de ellas por vivir en un mundo quebrado y corrompido por el pecado solo encuentra paz, esperanza y fortaleza verdaderas al convertirnos en amigas de Aquel que murió para salvarnos, al confesarlo como Salvador y Señor. Si la paz verdadera dependiera de las circunstancias, solo necesitaríamos de un buen abogado, un gran arquitecto, un hábil economista, un trabajo exitoso, un matrimonio feliz, mejores hijos y una iglesia perfecta. Sin embargo, la realidad es que la verdadera paz, que no puede dar el mundo (Juan 14:27) ni nadie más, no está sujeta a nuestros sentimientos, no depende de otros, no está condicionada por las tribulaciones, más bien, descansa en nuestra situación legal y espiritual delante de Dios por nuestro redentor Jesucristo.

Pablo, inicia su carta más rica en doctrina, afirmando que el evangelio es poder de salvación (Rom. 1:16) para todas las personas que creen en la obra de Jesucristo y se apoyan en ella para vivir para la gloria de Dios. Sin embargo, la realidad es que no todos creen en Dios; algunos lo niegan (Rom. 1:21) y otros creen que son salvos por sus obras (Rom. 2:3-5), pero todos estamos destituidos de la gloria de Dios (Rom. 3:23), experimentamos la misma necesidad: *tener fe en la obra de Cristo.* De lo contrario somos enemigos de Dios y estamos bajo Su ira. Esta es la mala noticia con la que todos nacemos desde que el pecado entró en Adán (Rom. 5:12).

¿Quién puede estar delante de un Dios airado? Solamente aquellos que el Hijo Amado de Dios ha justificado (Rom. 3:26). Pablo repite algo importante «es por la fe en Cristo», la misma fe que tuvo Abraham, la que «le fue contada por justicia» (Rom. 4:9) porque creyó «en esperanza contra esperanza» en medio de situaciones difíciles. Pablo sigue diciendo: «Y no solamente con respecto a él se escribió que le fue contada, sino también con respecto a nosotros a quienes ha de ser contada, esto es, a los que creemos en el que levantó de los muertos a Jesús, Señor nuestro, el cual fue entregado por nuestras transgresiones, y resucitado para nuestra justificación» (Rom. 4:23-25).

¡Todo esto fue escrito, aunque no *a nosotras*, *para nosotras*! Para que al igual que Abraham y Pablo, y la iglesia en Roma a quienes Pablo escribe, tengamos paz por la reconciliación con Dios que ahora tenemos gracias a Cristo. Por la justificación, toda la culpa de tu pecado y la deuda que tenías con el Dios Todopoderoso ha sido pagada. Tu situación legal y espiritual delante de Dios ha sido solventada por Cristo, por quien Dios te declara justa y santa. Ahora y por siempre, puedes acercarte a Él y recibir Su paz, Su esperanza, Su gloria y fortaleza, mientras caminas en este mundo a través de las tribulaciones y las pruebas.

Entonces, la verdadera paz no es ser libre de sufrimiento, pruebas, dolor, enfermedad, injusticias, más bien, resulta de una relación restaurada con el Dios airado justamente por el pecado (Heb. 10:31) y que, en Su maravilloso amor, también nos da a la personificación de Su paz: Su Hijo Jesucristo. ¡Por eso puedes vivir confiada! Porque si el Dios Todopoderoso no te acusa más, ¿quién más puede hacerlo? Su paz no es una mera tregua momentánea que se disipará cuando atraviesas el sufrimiento, *es una paz permanente* que se caracteriza por darte nuevos lentes para interpretar tu vida y responder diferente porque esas tribulaciones están produciendo en ti el carácter de Cristo (Rom. 5:19). Además, la presencia amorosa de Dios y la comunión eterna con Él son tuyas en Cristo.

Puedes vivir sin temor al futuro, ser libre de la culpa generada por el pecado, pues ya no hay pecado que pueda apartarte de Él porque cuando Dios te ve, ya no observa tu condición caída, sino que mira la justicia de Cristo en ti. Lo que sucede aquí no es el final, no te define y no es el juicio final de Dios, pues si quien podía abandonarte justamente no lo hizo, sino que te salvó por amor y para Su gloria, ¿cómo no te sostendrá y ayudará hoy? (Rom. 5:8-10).

Ten paz en medio de relaciones difíciles (Ef. 2:14), guarda tu boca y corazón y abraza la paz que sobrepasa todo entendimiento (Fil. 4:7), pues vivir en Cristo también promueve la reconciliación y la unidad con tus hermanos y hermanas y con tu prójimo. Nadie puede quitarte esa paz ni nadie es responsable de que no la tengas; ya te fue dada, ahora vívela por la fe. Pon tu mente en las cosas de arriba (Col. 3:2), examina tu corazón para advertir las cosas que te molestan, que necesitas entregar a Dios o que debes perdonar o pedir perdón, y piensa antes de hablar. Limpia tu mente de pensamientos ansiosos, libra tu corazón de la ira y la amargura que evitan que vivas en paz.

Si Cristo es tu verdadera paz, corre a Él. Medita en el futuro glorioso garantizado que te espera y en la habilidad que hoy tienes para regocijarte en medio del sufrimiento, guardando tu mente en Su Palabra para experimentar Su verdadera paz (Fil. 4:6). Dios producirá en ti el querer como el hacer mientras tú perseveras poniendo por obra Su Palabra, caminando en fe y en una relación maravillosa con Dios. Recuerda que ahora eres llamada amiga de Cristo (Juan 15:13-15), tienes una amistad sincera y eterna basada en Su amor; solo el Dueño de tu alma intranquila te da Su paz para que descanses todos los días en Él.

Día 23

Porque Dios nos ama, podemos tener paz

Susana de Cano

Lectura de hoy: Romanos 8

Porque estoy convencido de que ni la muerte,
ni la vida, ni ángeles, ni principados,
ni lo presente, ni lo por venir,
ni los poderes, ni lo alto, ni lo profundo,
ni ninguna otra cosa creada nos podrá
separar del amor de Dios que es en Cristo
Jesús Señor nuestro.
Romanos 8:38-39, NBLA

Una de las verdades más conocidas acerca de Dios es que Él es amor. Es una aseveración correcta sobre uno de Sus atributos, pero inconclusa cuando la basamos en nuestra perspectiva de lo que es el amor y lo que significa amar. Cuando solo conocemos una de las cualidades de Dios nos perdemos de glorificar a Dios completamente. Su amor no se basa en meros sentimientos como hacemos nosotros, se basa en quién es Él y lo que ha hecho en Cristo Jesús.

Pablo escribe uno de los capítulos más impresionantes y completos que podemos tener sobre quién es Dios. El capítulo 8 de Romanos es una melodía doctrinal sólida a nuestros oídos y a nuestra alma ansiosa y en necesidad de aprobación o validación. Pensamos que Dios debe amarnos por todo lo que hacemos, o pensamos que Dios no nos ama por todo lo que hacemos. Ni una ni la otra. ¡Esa es la maravillosa noticia del evangelio! Dios nos ama por la obra de Cristo.

Pablo explica cómo se ve una vida que está siendo transformada y guiada por el Espíritu Santo (Rom. 8:1-11), que no teme porque somos adoptadas como hijas de Dios (Rom. 8:12-17), para que en medio del sufrimiento abracemos la esperanza gloriosa que nos espera mientras el Espíritu Santo ora por nosotras (Rom. 8:18-25). Pablo nos anima en gran manera diciendo que, en Cristo, todo ayuda a bien porque somos más que vencedoras por medio de Él, pues nada puede separarnos de Su amor. ¡Nada! (Rom. 8:26-39).

Entonces, ¿qué pasa que ese gran amor no se ve reflejado en nuestra forma de vivir? Saberte amada por Dios, ¿cómo ilumina tu vida para que tengas gozo, confianza y paz? La realidad es que necesitamos cultivar una mente celestial que ve su vida, sus circunstancias, el pecado de otros y sus relaciones a través del amor de Dios, de Su gracia, de Su perdón derivado de la obra de vida, muerte y resurrección de Cristo. Nuestra nueva identidad de hijas de Dios (Rom. 8:15) ya nos ha posicionado en un lugar seguro que se llama «paz con Dios».

Medita en estas seis verdades que se desprenden del carácter de Dios y que nos muestran Su amor:

1. Su amor es incondicional y permanente porque no resulta de nuestras obras, sino de Su gracia (Rom. 5:8).

2. Su amor es sacrificial (Rom. 8:32; Juan 3:16) porque entregó a Su Hijo por nosotros en un acto de amor hacia Él, a quien le dará todas las cosas y conformará un pueblo para Él, Su novia amada.

3. Su amor es transformador (2 Cor. 5:17-21) porque nos cambia, nos humilla y nos lleva a responder en obediencia. Como Sus hijas, le decimos: *¡Abba Padre!*

4. Su amor es protector y lleno de propósito (Rom. 8:28-29) porque nos guía en todo tiempo y nos sostiene en los momentos de necesidad.

5. Su amor es eterno e inamovible (Rom. 8:38-39) porque nos ha justificado y extendido Su misericordia para darnos no solo a Su Hijo sino todas las cosas que ha prometido (Rom. 8:32).

6. Su amor por nosotras depende de quién es Él (1 Jn. 4:10; Rom. 8:33). ¡Cuánta paz trae esta verdad a nuestra alma!

¡Esto y más significa amar en el lenguaje de Dios! Dios es amor, pero también es salvador, santo, justo, fiel y misericordioso. Por eso, Su amor jamás nos será quitado, ¡jamás! Quizá vives esperando que otros te amen, te acepten, te valoren y nunca te fallen, pero te desilusionarás porque todos somos pecadores que lastimamos. Es el amor de Dios el que nos motiva a amar a otros, a perdonar a otros y a soportar a otros. Su amor no es inactivo, está moviéndose en nosotros y en medio de Su pueblo, para que otros vean el gran amor con que hemos sido amados.

Lo único que nos separa del amor de Dios es el pecado (Isa. 59:2) pero Cristo ya ha lidiado con él (Rom. 6:6). La seguridad del amor de Dios nos invita a vivir con valentía y confianza, con paz en medio de las tormentas, a fin de que podamos enfrentar los desafíos de la vida con una fe viva y una esperanza firme en la gloria futura que nos espera.

Así que medita diariamente en el amor de Dios. Evita medir el amor de Dios por tus circunstancias porque en este mundo tendremos aflicciones (Juan 16:33), pero confía porque si Cristo ha vencido al mundo, nosotras lo hacemos con Él. Aún tenemos residuos de pecado en nuestra mente y corazón, así como los demás, es natural que nos lastimemos, por eso Dios nos dejó la herramienta más hermosa de demostración de Su amor: Su perdón. ¡Cuán grande y maravilloso Dios tenemos que nos perdona y nos ama para que hagamos lo mismo con otros! (Ef. 4:32). Esta es la justa representación de lo que significa ser amadas por Él a través de la obra de Cristo, quien hizo lo que no podíamos hacer para que recibamos todo el amor de Dios hoy y por la eternidad. Descansemos en esta verdad.

Día 24

Una mente renovada trae paz y esperanza en medio de la adversidad

Jenny Thompson de Logroño

Lectura de hoy: Romanos 12

*No os conforméis a este siglo,
sino transformaos por medio de
la renovación de vuestro entendimiento,
para que comprobéis cuál sea
la buena voluntad de Dios,
agradable y perfecta.*
Romanos 12:2

La vida cristiana es una vida de transformación en la que estamos llamados a vivir de acuerdo con la voluntad de Dios. En su carta a los Romanos, el apóstol Pablo dedica los primeros capítulos a hablar sobre la justicia de Dios y la nueva vida que tenemos en Cristo.

A partir de Romanos 12, Pablo nos exhorta a poner en práctica esta nueva vida, presentando nuestros cuerpos como sacrificios vivos y renovando nuestras mentes para discernir la voluntad de Dios. En este contexto, descansamos en las promesas de Dios, no de manera pasiva sino como una acción consciente de confiar en Su fidelidad y aplicar Sus principios en nuestro día a día. Pablo nos muestra que podemos encontrar paz y esperanza al vivir conforme a las promesas de Dios, siendo gozosos en la esperanza, sufridos en la tribulación y constantes en la oración. Este pasaje de las Escrituras nos enseña cómo la verdadera transformación y el descanso se encuentran en confiar y aplicar las promesas de Dios en todas las áreas de nuestra vida.

Este capítulo inicia con una exhortación del autor a rendirnos completamente a Dios, entregándole como ofrenda no solo nuestras acciones, sino también nuestros pensamientos, emociones y deseos. Este sacrificio es un acto de adoración racional, lo que implica que es un proceso consciente y deliberado. Es un compromiso de confiar en Dios con todo lo que somos, reconociendo que Él tiene el control y que Su voluntad es perfecta. En el versículo 2, Pablo nos llama a no conformarnos a este mundo, sino a ser transformados por la renovación de nuestra mente. Cuando nos amoldamos a los principios de este mundo, nos dejamos guiar por el miedo, la ansiedad y la desesperación, especialmente cuando enfrentamos dificultades. Sin embargo, la transformación a través de la renovación de la mente nos permite ver nuestras circunstancias desde la perspectiva de Dios.

Renovar la mente implica un cambio en cómo percibimos y respondemos a las situaciones. En lugar de centrarnos en nuestros problemas, esta renovación nos lleva a enfocarnos en las promesas de Dios, Su carácter y Su soberanía. Esto cambia nuestra perspectiva de las pruebas, permitiéndonos verlas como oportunidades para crecer en fe y confiar más en Dios. Al renovar nuestra mente, somos capaces de discernir Su voluntad. Esto significa que, incluso cuando estamos agobiadas, podemos confiar en que Dios está obrando para nuestro bien y descansar en el hecho de que Su voluntad es perfecta, a pesar de que no entendamos completamente lo que está sucediendo.

Una mente renovada por los principios de Dios nos permite mantenernos firmes en Sus verdades. En lugar de ser consumidas por la ansiedad, descansamos en la promesa de que Él cuida de nosotras (1 Ped. 5:7) y que nada puede separarnos de Su amor (Rom. 8:38-39). Pablo nos hace entender que la renovación de nuestra mente es primordial para que nuestras acciones sean transformadas y evidencien un cambio radical, ya que hemos entregado nuestras vidas al Señor. Desarrollar esta forma de vivir de acuerdo con lo que Cristo nos enseña nos prepara para enfrentar cualquier circunstancia que se nos presente:

- **Seamos humildes en nuestro servicio (Rom. 12:3-8):** Cuando reconocemos y usamos los dones y talentos que el Señor nos ha otorgado, experimentaremos las promesas de Dios y Su paz, que sobrepasa todo entendimiento.

- **Amemos al prójimo con sinceridad y rechacemos el mal (Rom. 12:9-10):** El amor sincero y el rechazo del mal nos acercan a Dios. Una comunión pura y sincera con otros creyentes siempre será de apoyo en las pruebas.

- **Seamos perseverantes y avivemos nuestra esperanza (Rom. 12:11-12):** Es muy importante ser fervorosos en espíritu y perseverar en la oración. La esperanza y la alegría en la esperanza nos ayudan a mantenernos firmes en las promesas de Dios.

- **Seamos hospitalarios y generosos (Rom. 12:13):** Compartir nuestros testimonios con otros en la intimidad de nuestro hogar y hacerlos partícipes de la obra de Dios en nuestras vidas nos permite ver las promesas de Dios en acción.

- **Respondamos al mal con bien (Rom. 12:14-21):** Cuando confiamos en la justicia de Dios y en Su poder para cumplir Sus promesas, reflejaremos a Cristo al bendecir a los que nos persiguen y no devolver mal por mal.

Cuando te sientas ansiosa por las circunstancias y con la tentación de ceder al miedo y la desesperanza, te animo a renovar tu mente. Detente un minuto y elige no conformarte a la manera en que el mundo enfrenta el estrés, sino que busca la transformación al enfocarte en las promesas de Dios. En lugar de permitir que tus emociones controlen tus pensamientos, recuerda que Dios es soberano, que Su voluntad es perfecta, y que Él ha prometido nunca dejarte ni abandonarte (Heb. 13:5). Así, incluso en medio del desasosiego, encontrarás paz y descanso en Sus promesas. Al renovar tu mente de esta manera, te alineas con la perspectiva de Dios, lo que te capacita para discernir Su voluntad y descansar en Su fidelidad.

Día 25

La paz de pertenecer a Dios

Dámaris Sosa

Lectura de hoy: Efesios 2

> Y vino y anunció las buenas nuevas de paz
> a vosotros que estabais lejos,
> y a los que estaban cerca; porque por
> medio de él los unos y los otros tenemos
> entrada por un mismo Espíritu al Padre.
> Así que ya no sois extranjeros ni advenedizos,
> sino conciudadanos de los santos,
> y miembros de la familia de Dios.
> *Efesios 2:17-19*

«¿Qué es lo que buscas?» Fue la pregunta que me hizo una hermana en Cristo quien, en Su providencia, el Señor trajo a mi camino para ayudarme a encontrar respuestas sobre la salvación. En ese momento, yo estaba perdida, espiritualmente muerta en mis delitos y pecados (Ef. 2:1b). «¿Qué es la gracia?», le pregunté, mientras sentía que mis hombros colapsarían en cualquier momento bajo el peso de los pecados me aplastaban. Inquieta, sin paz, vacía, y literalmente muerta, quedaba mi alma después de que yo intentaba llenarla con las satisfacciones temporales que este mundo ofrece. «¿Hace cuánto eres creyente?», me preguntó, creando un conflicto interno en mi corazón. ¿Cómo les explico a la hermana sentada frente a mí que soy hija de un pastor y que creo que no he experimentado la verdadera fe en Cristo? Le respondí que había crecido en la iglesia desde niña, intentando mantener una fachada de rectitud que en realidad no poseía, mientras en mi interior mi alma clamaba por la paz que tanto anhelaba.

Tal como mi conversación con esa hermana fue usada por el Señor para que yo entendiera Su gracia, de la misma manera el apóstol Pablo, en su carta a los Efesios, se dirige a los creyentes para fortalecer su fe y recordarles la salvación que han recibido. A través del capítulo 2 de esta epístola, Pablo les recuerda la salvación que les ha sido dada de forma personal (Ef. 2:1-10), así como de manera comunitaria (Ef. 2:11-22). Además, Pablo también anima a la iglesia por medio de temas importantes como: Cristo, la cabeza de la iglesia; el matrimonio; la unidad de la iglesia con el Señor; la conducta del creyente; entre otros.

¿Te has encontrado alguna vez en busca de paz? ¿Estás cansada o agobiada por las cargas de la vida? El capítulo 2 de Efesios nos enseña que hay una sola manera en la que nuestro corazón puede experimentar la paz verdadera, y es solamente a través de Jesucristo. Él es la auténtica fuente de nuestra paz, descanso y tranquilidad (Rom. 5:1). Dios nos ha dado a Cristo, y en Él encontramos la paz de pertenecer a Dios. Por ello, te animo a reflexionar sobre esta realidad a partir de este pasaje a través de cuatro puntos importantes:

En primer lugar, en Efesios 2:1-3 Pablo nos recuerda, junto a la iglesia de Éfeso, que Dios nos ha hecho nacer de nuevo por medio de la vida, sacrificio y resurrección de Su Hijo. ¿No te parece esto maravilloso? Piensa en el cuadro desolador en el que se encontraba tu alma cuando estabas muerta en tus delitos y pecados, siguiendo la corriente de este mundo y al príncipe de la potestad del aire (Ef. 2:2). ¿Quién más podría haber transformado y renovado tu corazón, sacándote de la situación desoladora en la que te encontrabas sino solamente el Dios todopoderoso y misericordioso que decidió amarte, extenderte Su favor (gracia), escogerte, hacerte santa y sin mancha delante de Él (Ef. 1:4; 2:4)? Esta verdad es asombrosa: hemos sido rescatadas del devastador estado de muerte espiritual y ahora podemos vivir con la mayor paz y libertad que jamás hayamos experimentado antes en este mundo, porque solo Cristo puede ofrecerla. Ahora verdaderamente tenemos vida, una mente renovada, una nueva identidad. Que esta verdad, mi hermana, te llene de gozo y descanso.

En segundo lugar, Pablo nos recuerda que fuimos salvadas por la gracia de Dios, no por méritos propios, sino por Su amor y misericordia (Ef. 2:4-5). No hay nada que nosotras pudiéramos haber presentado ante Dios, más que nuestra muerte y nuestros delitos (Ef. 2:5). Si alguna vez te has sentido insuficiente para merecer el amor del Señor, recuerda que tu salvación es un regalo de Su gracia, no algo que pudieras haber ganado. Este conocimiento trae un inmenso alivio, ya que podemos descansar en Su amor, sabiendo que no necesitamos impresionar a Dios para ser amadas por Él. Hoy puedes descansar en Su obra, en Su misericordia por ti y en la vida y salvación que te dio en Cristo por amor de Su Hijo.

En tercer lugar, Pablo nos dice que hemos sido resucitadas con Cristo (Ef. 2:6), lo que significa que aunque antes estábamos muertas en nuestros pecados, ahora vivimos en la justicia de Cristo. Nuestras vestiduras de pecado han sido reemplazadas por las vestiduras de Jesucristo, y ahora estamos sentadas en lugares celestiales con Él (Ef. 1:3). Este es un hecho maravilloso que nos invita a descansar en nuestra identidad en Cristo, así como en la seguridad de pertenencia y certeza de nuestra unión con Él.

Finalmente, Pablo nos recuerda que, como consecuencia de nuestra posición ante Dios y de la salvación que nos ha sido otorgada en Su Hijo, ahora estamos llamadas a hacer buenas obras (Ef. 2:10). Estas obras son el resultado de lo que Dios ha hecho en nuestras vidas y son parte de Su plan para nosotras, tanto para nuestro crecimiento espiritual como para el avance de Su Reino a través de la proclamación del evangelio. Somos portadoras de Su imagen y nuestras obras son el fruto de lo que Él ha hecho en nosotras en Cristo.

Entonces, ¿qué es lo buscas? ¿Qué es lo que realmente buscan las personas que están a tu alrededor? Si tú o ellos están *en busca de paz*, recuerda que la respuesta es Cristo. Él vino y se entregó por nosotros para que podamos tener paz con Dios. A través de Él ahora encontramos nuestro lugar en la familia de Dios, como conciudadanos de los santos (Ef. 2:17-19). Que estas verdades te llenen de gozo y descanso, sabiendo que en Jesucristo tienes la paz de pertenecer a Dios.

Día 26

Mi vida es Cristo
Liliana de Benítez

Lectura de hoy: Filipenses 1

*Porque para mí el vivir es Cristo,
y el morir es ganancia.*
Filipenses 1:21

*Porque a vosotros os es concedido a causa
de Cristo, no solo que creáis en él,
sino también que padezcáis por él.*
Filipenses 1:29

Nada trae mayor paz al corazón humano que estar en Cristo. La tarde en que mi esposo yacía en una estrecha camilla esperando su ingreso al quirófano —porque un estudio cardíaco había revelado que tenía la principal arteria coronaria obstruida— sentí la urgente necesidad de hablarle de Cristo a un matrimonio que estaba pasando por la misma angustia que nosotros; la única y gran diferencia era que ellos no conocían al Salvador. Anunciar el Evangelio de la Paz en aquella fría sala de hospital trajo consuelo a sus corazones, y también al mío.

El apóstol Pablo sabía por propia experiencia que Dios permite las aflicciones con buenos y santos propósitos. Mientras estaba bajo arresto domiciliario en la ciudad de Roma en espera de su juicio, escribió una carta a sus amados hermanos de Filipos. En la misiva, ora y agradece a la iglesia por la generosa ofrenda enviada con Epafrodito, y describe su sobreabundante gozo al contemplar la mano providencial de Dios en sus cadenas. «Quiero que sepáis, hermanos, que las cosas que me han sucedido, han redundado más bien para el progreso del evangelio» (Fil. 1:12).

Pablo veía cada uno de sus sufrimientos como oportunidades para difundir el evangelio. Aunque estaba en la cárcel sin saber cuál sería su suerte —si sería ejecutado o redimido—, él no se quejaba ni renegaba del Señor; solo se ocupaba de predicar a «Jesucristo, y a este crucificado» (1 Cor. 2:2). Fue por la incansable predicación de Pablo que los soldados del pretorio escucharon las Buenas Nuevas, se arrepintieron de sus pecados y confiaron en Jesucristo como Señor y Salvador de sus vidas (Fil. 1:13).

Esto muestra con total claridad que Dios permitió la reclusión de Pablo para cumplir Sus propósitos salvíficos. Si el apóstol no hubiera sido encarcelado, ¿cómo hubieran invocado el nombre del Señor esos soldados? ¿Cómo creerían en Aquel de quien no habían oído? ¿Y cómo oirían si no había quien les anunciara el único camino a Dios? (Rom. 10:14). Esto debe hacernos pensar cuán necesario es que aprendamos a mirar más allá de nuestras adversidades. Puede que Dios esté usando nuestras enfermedades, pérdidas, dolores y lágrimas para que otros lleguen a Él.

Pablo sufrió mucho por la causa de Cristo. El capítulo 16 del libro de los Hechos narra las duras experiencias que padeció junto a Silas en Filipos. Ambos fueron arrestados de manera ilegal, azotados con vara, despojados de sus ropas y recluidos en una oscura mazmorra con los pies sujetos a un cepo. Pero todas las torturas y martirios trajeron alegría al corazón de Pablo, porque fue a través de esas terribles circunstancias que el carcelero de Filipos y su familia alcanzaron el conocimiento de Cristo y la salvación (Hech. 16:25-34).

Pablo sufría por la rivalidad entre los creyentes. Algunos anunciaban a Cristo por envidia y competencia, oponiéndose a la autoridad que Pablo ejercía por mandato divino, lo que entristecía al apóstol. Otros predicaban con amor sincero, deseando la salvación de los perdidos. Con todo, Pablo se alegraba en el Señor porque fuese con buenas o malas intenciones, la Palabra de Dios estaba siendo predicada (Fil. 1:15-18).

La meta de Pablo era el progreso del evangelio. Él no se preocupaba por llenar gigantescos auditorios, no esperaba ser invitado a conferencias ni a campañas evangelísticas. Pablo predicaba a Jesucristo sentado sobre una piedra a orillas de un río —allí, Dios abrió el corazón de Lidia para que creyera (Hech. 16:13-15). Pablo predicaba en las casas, en las plazas, en las calles, en las sinagogas y en la cárcel. **Su lema era: «Para mí el vivir es Cristo, y el morir es ganancia»** (Fil. 1:21). Pues, estaba convencido de que la muerte era solo un paso a la gloria, ¡y esto sería lo mejor que le podía acontecer! Pero, por amor a Cristo y a los perdidos, deseaba quedarse un poco más de tiempo en este mundo a fin de llevar a muchos al reino de Dios por medio de la locura de la predicación (Fil. 1:22-25).

¿Te das cuenta dónde estaba el corazón de Pablo? Jesús enseñó que donde esté nuestro tesoro, allí estará también nuestro corazón (Mat. 6:21). El corazón del peor de los pecadores (como se llamaba el apóstol a sí mismo) estaba escondido en Cristo. Por eso podía ver Su luz radiante en las circunstancias más oscuras de su vida y dar gracias sinceras al Dios Altísimo por Sus más desconcertantes providencias. En el capítulo 1 de Filipenses, vemos que Pablo agradeció:

- Por sus cadenas, porque Cristo fue conocido (v. 13).

- Por sus oponentes, porque Cristo fue predicado (v. 18).

- Por su fe, porque Cristo fue exaltado (v. 20).

Haz una pausa en este momento. Pregúntate: ¿Dónde está mi corazón? ¿Podrías afirmar como el apóstol Pablo: «Mi vida es Cristo»? Si haces un examen de conciencia y eres sincera contigo misma es probable que digas: *Mi vida es el trabajo, mi vida es la universidad, mi vida es el gimnasio, mi vida es mi familia, mi vida es el dinero, mi vida es...* completa la oración.

Mientras más leemos y meditamos en la epístola a los filipenses, más somos confrontadas con la actitud del apóstol Pablo. Por lo general, vivimos tan concentradas en nosotras mismas, en nuestras familias, en nuestras finanzas, en nuestros logros, en nuestra felicidad y en nuestros sufrimientos que no nos queda tiempo para vivir para Cristo.

Las mujeres cristianas necesitamos recordar a diario que por la sola gracia del Señor hemos sido salvadas de nuestros pecados y de la condenación eterna. Tenemos el supremo llamado de anunciar el glorioso evangelio de nuestro Señor y Salvador Jesucristo a tiempo y fuera de tiempo. Esto significa que incluso en nuestras temporadas de intenso sufrimiento debemos dar a conocer las inescrutables riquezas de Cristo. Pues, Dios nos ha dado el regalo de la fe para creer en Él, y el regalo del sufrimiento para sufrir por Él (v. 29).

Sigamos el ejemplo de Cristo, quien fue obediente hasta la muerte (Fil. 2:8). Meditemos en la vida del apóstol Pablo, oremos unas por otras, sabiendo que en todos los rincones de la tierra los creyentes estamos padeciendo (1 Ped. 5:9). Y esto es bueno, porque nos lleva a crecer más en el conocimiento y el carácter del Señor. **La paz verdadera es el regalo de Dios para aquellos que aceptan con gozo Su soberana voluntad**.

Día 27

Mi sentir es Cristo

Liliana de Benítez

Lectura de hoy: Filipenses 2

Por tanto, si hay alguna consolación en Cristo, si algún consuelo de amor, si alguna comunión del Espíritu, si algún afecto entrañable, si alguna misericordia, completad mi gozo, sintiendo lo mismo, teniendo el mismo amor, unánimes, sintiendo una misma cosa.
Filipenses 2:1-2

Haya, pues, en vosotros este sentir que hubo también en Cristo Jesús.
Filipenses 2:5

¿Te has dado cuenta de que las tragedias unen a la gente? Tras un terremoto, por ejemplo, se unen de manera voluntaria rescatistas, bomberos, paramédicos y vecinos con un mismo sentir: socorrer a las víctimas. Aún recuerdo el peor desastre natural ocurrido en mi país, Venezuela, llamado «el deslave de Vargas», donde miles de personas murieron y decenas de miles quedaron damnificadas. Después de la tragedia, una inmensa ola de solidaridad cubrió las costas de Vargas. La gente quería ayudar. Los que estaban cerca intentaban rescatar con sus manos a las personas que quedaron sepultadas bajo el barro. Los que estaban lejos enviaban comida, agua, ropa... La ayuda llegó de todas partes del país e incluso de otros países. Fue conmovedor ver a tantas personas y naciones unidas en un mismo sentir: ayudar a los que sufren.[1]

Lamentablemente, la solidaridad se desvaneció cuando todo volvió a la normalidad. Estas demostraciones de compasión y unidad en tiempos de crisis confirman que Dios ha hecho al hombre a Su imagen y semejanza, pero un corazón caído siempre va a buscar su propio beneficio, no el de los demás. Por naturaleza, los seres humanos somos egoístas y divisivos.

Siendo consciente de esto, en el segundo capítulo de su carta, el apóstol Pablo llama a los creyentes

---

1. *«Cómo fue la tragedia de Vargas, el peor desastre de la historia reciente de Venezuela: "Creíamos que era el fin del mundo"», BBC noticias,* 29 de enero de 2019. https://www.bbc.com/mundo/noticias-america-latina-50695328.

en Filipos a sentir «una misma cosa» (Fil. 2:2). Como ellos estaban unidos «en Cristo» podían despojarse de emociones negativas como el egoísmo y la vanagloria, y ser guiados por el Espíritu Santo para tener un mismo sentir. Una misma mente, una misma actitud, un mismo propósito. Este sentir no debía ser algo ocasional, sino que debía convertirse en una práctica habitual.

Aunque la iglesia de Filipos disfrutaba de una dulce comunión, ciertas disputas entre sus miembros amenazaban con dividirla. El deseo de Pablo era que vivieran en armonía, ejercitando la humildad, entendiendo que cada uno debía velar no solo por sus propios intereses, sino también por los intereses de los demás (vv. 3-4). Con suma ternura, el apóstol exhortó a la congregación a seguir el ejemplo del Señor: «Haya, pues, en ustedes esta actitud que hubo también en Cristo Jesús» (v. 5, NBLA). De inmediato, procedió a narrar la historia de la redención: la preexistencia, la encarnación y vida, la muerte en la cruz, la resurrección y exaltación del Señor, para enseñar a los filipenses (¡y a todas las generaciones posteriores!) **que vivir como cristianos es vivir como Cristo vivió**.

Veamos cinco puntos relevantes del sentir de Cristo:

Cristo murió a Sí mismo. «... siendo en forma de Dios, no estimó el ser igual a Dios como cosa a que aferrarse» (v. 6). ¡Esto es asombroso! Cristo es Dios (Juan 1:1-4), el Rey eterno, y el único digno de toda adoración, honor y gloria (1 Tim. 1:17). Sin embargo, no consideró Sus derechos y privilegios divinos como algo a lo que asirse de manera egoísta sino que se dio a Sí mismo por amor a los perdidos.

Cristo se hizo siervo de todos. «...se despojó a sí mismo, tomando forma de siervo, hecho semejante a los hombres» (v. 7). Jesús, el Señor de todos, se hizo siervo de todos. Consideró a los seres humanos que creó a Su imagen y semejanza como más importantes que Él mismo. Cristo es el Siervo sufriente, quien entregó Su vida de manera voluntaria para el rescate de muchos (Mat. 20:28).

Cristo se humilló a Sí mismo. «...y estando en la condición de hombre, se humilló a sí mismo, haciéndose obediente hasta la muerte, y muerte de cruz» (v. 8). Jesús, la segunda Persona de la Trinidad, se encarnó, se hizo igual a nosotros —pero sin pecado—, ofreciéndose a Sí mismo en sacrificio para quitar de una vez y para siempre el aguijón del pecado y el poder de la muerte (Heb. 9:26).

Cristo obedeció en todo. «...haciéndose obediente hasta la muerte, y muerte de cruz» (v. 8). Cristo vino a este mundo arruinado por el pecado para vivir la vida de perfecta obediencia y sumisión a Dios que los pecadores no podíamos vivir, tomó el lugar que nos correspondía en la cruz, bebió la copa de ira que merecíamos, y con Su muerte y resurrección nos concedió paz con Dios y vida eterna.

La autohumillación de Cristo trajo gloria a Dios y como resultado fue exaltado hasta lo sumo. «Por lo cual Dios también le exaltó hasta lo sumo, y le dio un nombre que es sobre todo nombre, para que en el nombre de Jesús se doble toda rodilla de los que están en los cielos, y en la tierra, y debajo de la tierra; y toda lengua confiese que Jesucristo es el Señor, para gloria de Dios Padre» (vv. 9-11). Jesucristo resucitó de entre los muertos. ¡Él vive! (Luc. 24:5). Él es el Señor y Rey supremo del universo. Aunque todavía abunda la incredulidad y las naciones no se inclinan ante Él, Su reino avanza. Dios sigue salvando vidas a través de la incansable predicación del Evangelio. A Su tiempo, como fue anunciado, el Señor volverá para juzgar a los vivos y a los muertos y el cosmos se rendirá ante Él (2 Tim. 4:1; Sal. 86:9).

Tómate unos minutos para leer Filipenses 2:5-11. Contempla la maravillosa gracia del Señor a favor de los pecadores que merecen el infierno. Agradece a Dios, porque tienes paz con Él por medio de la fe en Cristo. Sorpréndete al saber que cada persona que ha sido redimida por la sangre del Cordero forma parte de la historia de la redención. Pablo dice que los creyentes somos «como luminares en el mundo, sosteniendo firmemente la palabra de vida» (vv. 15-16, NBLA). Esto significa que, a través de nuestra predicación y actitud piadosa, Jesús brilla en un mundo en tinieblas.

Mientras más crecemos en el conocimiento y la gracia de nuestro Señor y Salvador, más entendemos el imperativo de tener un mismo sentir. Pablo ofreció dos ejemplos de personas comunes que tuvieron el sentir de Cristo: Timoteo, quien buscaba el bienestar de los demás antes que el propio; y Epafrodito, el mensajero de la iglesia de Filipos, quien arriesgó su vida para visitar a Pablo en la cárcel y entregarle una ofrenda de amor (vv. 25-30).

Vivamos como es digno del Evangelio. Dejemos de lado nuestros intereses particulares y busquemos maneras de ayudar a los que sufren. Que esta sea nuestra oración continua: «Señor, dame el sentir de Cristo. Dame una mente humilde, ayúdame a morir a mí misma, a tomar mi cruz cada día, a anunciar sin temor el Evangelio y a servir con amor sacrificial a los demás».

La paz verdadera es el regalo de Dios para aquellos que obedecen Su Palabra, y con amor y humildad sirven a otros.

Día 28

Mi paz es Cristo
Liliana de Benítez

Lectura de hoy: Filipenses 4

Regocijaos en el Señor siempre.
Otra vez digo: ¡Regocijaos!
Filipenses 4:4

El Señor está cerca. Por nada estéis afanosos, sino sean conocidas vuestras peticiones delante de Dios en toda oración y ruego, con acción de gracias. Y la paz de Dios, que sobrepasa todo entendimiento, guardará vuestros corazones y vuestros pensamientos en Cristo Jesús.
Filipenses 4:5-7

Mientras lees este devocional, millones de cristianos alrededor del mundo están siendo perseguidos. Los extremistas islámicos pueden pagar con encarcelamiento, tortura y muerte la apostasía del islam para convertirse a Cristo. La revista *The voice of the Martyrs* [La voz de los mártires] publicó en su edición 2023 que grupos terroristas suelen irrumpir en los hogares cristianos para obligar a los creyentes, bajo amenaza de muerte, a retractarse de su fe en Cristo y convertirse al islam. Una mujer de Kenia, llamada Miriam, dijo que cuando los extremistas entraron en su casa y decapitaron a su esposo, halló consuelo en Romanos 8:35: «¿Quién nos separará del amor de Cristo? ¿Tribulación, o angustia, o persecución, o hambre, o desnudez, o peligro, o espada?». Miriam dirige el ministerio de mujeres en su aldea y las alienta a confiar en Dios en medio de las persecuciones.[1]

Desde el nacimiento de la iglesia hasta hoy, los cristianos padecen violencia por parte de los enemigos de la cruz. Esto no debe sorprendernos. Cristo advirtió a Sus discípulos que el mundo los odiaría como lo odiaron a Él (Juan 15:18). Aunque nosotras podemos adorar a Dios en nuestras naciones con total libertad, las circunstancias pueden cambiar. Por lo tanto, debemos estar preparadas para sufrir persecución por nuestra fe (2 Tim. 3:12).

---

1. Cole Richards. *«The Need for God's Word», The Voice of the Martyrs,* julio de 2023, https://www.persecution.com/?lang=en&_source_code=WEBSPR.

Este tipo de sufrimiento fue el pan de cada día para el apóstol Pablo. Cuando escribió la carta a los filipenses estaba encadenado a un soldado romano. Aunque tenía la esperanza de ser absuelto, cabía la posibilidad de que fuese ejecutado. En su lugar, yo estaría muy angustiada, pero ¡Pablo no se preocupó! En vez de eso, tomó papel y tinta para enseñar a sus amados hermanos filipenses (y a nosotras) el secreto del contentamiento y la paz.

Veamos cinco aspectos importantes para alcanzar la paz de Dios en las tribulaciones:

«Estad así firmes en el Señor» (Fil. 4:1). Según el diccionario de la Real Academia Española, «firme» significa permanecer estable, fuerte, sin moverse ni vacilar.[2] Eso fue lo que hizo Miriam cuando los musulmanes extremistas asesinaron a su esposo. Ella había guardado en su corazón un arsenal de promesas celestiales para hablárselas a sí misma cuando llegara su turno de padecer por la fe. Por eso no se movió ni vaciló cuando fue obligada a convertirse al islam. Su experiencia nos enseña que cualquiera sea nuestro sufrimiento podemos permanecer firmes en Cristo si leemos, meditamos y nos hablamos a nosotras mismas la Palabra de Dios.

«Regocijaos en el Señor siempre. Otra vez digo: ¡Regocijaos!» (v. 4). Este no es un consejo, es un

---

2. Asociación de Academias de la Lengua Española (ASALE), *Diccionario de la Lengua Española, 2023,* «Firme». https://dle.rae.es/firme?m=form.

mandato. El apóstol Pablo lo repite dos veces. En las peores circunstancias, cuando todo parece aterrador, debemos alegrarnos. Pablo se alegró *en el Señor* cuando vio Su mano proveyendo para sus necesidades a través de la ofrenda de la iglesia de Filipos (vv. 10-11). Pues, Dios es quien produce en las personas el deseo y el poder para que hagan lo que a Él le agrada (Fil. 2:13). Pablo también se alegró *en el Señor*, porque le daba fuerzas para soportar sus cadenas (v. 13). Y se alegró *en el Señor*, porque sus aflicciones lo unían más a Cristo y lo hacían partícipe de Sus padecimientos (Fil. 3:10). La actitud de Pablo es ejemplar. Nos enseña que en nuestras más férreas batallas siempre hay razones para alegrarnos en el Señor.

«Vuestra gentileza sea conocida de todos los hombres» (v. 5). En nuestra sociedad, la gentileza brilla por su ausencia. Si alguien ve a una persona enferma o en apuros evita el contacto visual y sigue de largo. Eso fue lo que hicieron el sacerdote y el levita cuando vieron al samaritano medio muerto en el camino (Luc. 10:30-37). Pero el apóstol Pablo, inspirado por el Espíritu Santo, exhorta a los cristianos a ser gentiles con todos. Él mismo fue amable con los guardias del César al compartirles el evangelio; fue amable con Timoteo y Epafrodito al reconocer sus virtudes y obediencia a Dios; fue amable con los filipenses al escribir una carta para agradecerles su generosa donación, orar por ellos y darles oportunos consejos. Pablo estaba siguiendo el ejemplo de Cristo, meditemos en esto y busquemos maneras de ser amables con todos, aun en medio de nuestras pérdidas y dolores.

«Por nada estéis afanosos» (vv. 6-7). Esta exhortación parece imposible de cumplir. ¿Quién podría dejar de preocuparse cuando el mundo se le ha venido encima? Pablo no niega la angustia de los que sufren, porque él sintió dolor, tristeza, soledad, pero en vez de preocuparse halló paz en la oración. Desde el primer capítulo de esta hermosa epístola a los filipenses lo escuchamos orando y dando gracias a Dios. Esta debe ser también nuestra actitud. Pablo aseguró que el Señor está cerca (v. 5). Podemos hablarle a Él de todas las cosas que nos preocupan y agradecerle por Su gran amor, pues Él está obrando en nuestras vidas para hacernos más como Cristo (Fil. 1:6). Después de orar, rogar y dar gracias a Dios, Su completa paz resguardará nuestras mentes y corazones en Cristo Jesús (v. 7).

«En esto pensad» (vv. 8-9). Pablo dice que la paz de Dios viene cuando llenamos nuestras mentes de «todo lo que es verdadero, todo lo honesto, todo lo justo, todo lo puro, todo lo amable...». Esta lista describe los atributos de Cristo: El Verbo (Juan 1:1). Mientras más meditemos en Él y en Su Palabra, más protegidas estarán nuestras mentes de la angustia y la depresión. ¡Prueba y ve! Lee en la Biblia acerca de las cosas maravillosas que Dios ha hecho, está haciendo y hará para llevar a Sus hijos a la gloria. Medita en las bendiciones espirituales que los creyentes tenemos en Cristo. Anhela Su venida. Agradece por Sus bondades que son nuevas cada día. Imita al apóstol Pablo. Él dijo: «Lo que aprendisteis y recibisteis y oísteis y visteis en mí, esto haced; y el Dios de paz estará con vosotros» (v. 9).

En nuestras tribulaciones tenemos dos opciones: podemos apartarnos de Dios y envenenarnos con la amargura o podemos correr a Sus brazos y confiar en lo que Él está haciendo a través de nuestros sufrimientos. **La paz verdadera es el regalo de Dios para aquellos que confían en Cristo y concentran sus pensamientos en Él.**

Día 29
Ven a Él
Karen Garza

Lectura de hoy: Colosenses 1

> Por cuanto agradó al Padre que en él habitase toda plenitud, y por medio de él reconciliar consigo todas las cosas, así las que están en la tierra como las que están en los cielos, haciendo la paz mediante la sangre de su cruz.
> *Colosenses 1:19-20*

Todo ser humano está en una continua búsqueda de paz. La valoramos tanto que estamos dispuestos a hacer grandes sacrificios, como renunciar a negocios, oportunidades, compromisos e incluso relaciones, con tal de conseguir un poco de ella. Lo paradójico es que, por más esfuerzos que hagamos, la paz parece ser un fugitivo imposible de atrapar.

Esta insaciable búsqueda de paz revela una verdad ineludible: vivimos en un mundo hostil, en constante guerra. A diario enfrentamos el bombardeo de malas noticias: matrimonios destrozados, amistades rotas, diagnósticos inesperados, negocios fracasados, abusos de poder y pérdidas dolorosas. Anhelamos la paz porque existe una guerra implacable tanto en nuestro mundo exterior como en el interior, de la cual buscamos desesperadamente descansar.

Esta necesidad de paz también nos comunica que vivimos en un mundo donde las cosas no funcionan como deberían. El dolor que sentimos por nuestras relaciones dañadas testifica que fuimos diseñados para vivir en armonía y disfrutar de las personas. El miedo que le tenemos a la enfermedad y a la muerte indica que fuimos creados para la salud y la vida. Nuestro clamor ante todo el mal presente refleja un bien que anhelamos y que sentimos estar perdiendo. Todo esto nos lleva a la verdad fundamental de que existe un Dios bueno que nos creó para experimentar y disfrutar todo lo que Él es: vida, armonía y paz, pero algo ocurrió, y ahora experimentamos lo opuesto: muerte, conflicto y guerra.

La Biblia nos revela qué sucedió. En el libro de Génesis vemos a un Dios que, desde su amor y aseidad, crea a los seres humanos para compartir con ellos todas Sus bendiciones. Sin embargo, el ser humano se rebela contra este Dios bueno y perfecto, intercambiando la armonía con Él por enemistad, y desde ese momento, sufrimos las abrumadoras consecuencias de nuestro extravío. Desde la rebelión de nuestros primeros padres, Adán y Eva, el pecado entró en el mundo y ahora experimentamos la muerte y sus estragos. Podemos ver sus efectos en cada rincón de la creación, desde la decadencia de la naturaleza hasta el egoísmo en nuestra propia alma. ¡Con razón, día tras día, somos atacados por el temor y la ansiedad! En otras palabras, desde que perdimos nuestra relación correcta con Dios, también perdimos nuestra paz. ¿Puedes verlo? *En el momento en que le declaramos la guerra a Dios, también le declaramos la guerra a nuestra paz.*

Amadas, debemos comprender que la razón de nuestra falta de paz va más allá de nuestro estado económico, civil o físico. Nuestra falta de paz está enraizada en nuestra falta de Dios. Por eso, Su plan de rescate no consistió en enviarnos a un economista, un psicólogo o un político. Él nos envió a un Salvador, Jesucristo, para reconciliarnos con Él.

> ...haciendo la paz mediante la sangre de su cruz (Col. 1:20).

Dado que Dios es santo y nosotros pecadores, existe una guerra entre nosotros. Necesitamos a Cristo para que le ponga fin, ya que solo por medio de Su sangre la ira de Dios contra nosotros puede ser aplacada. El precio de nuestra reconciliación fue sumamente costoso. Fue necesario que el Justo muriera por los culpables, para que así pudiéramos ser declarados inocentes y disfrutar de una relación correcta con Dios.

Cristo hizo posible la paz entre Dios y nosotros por medio de Su sacrificio, y cuando tenemos paz con Dios, cada área de nuestra vida se ve transformada. Pasamos de ser enemigos a amigos, de pecadores a justos, de esclavos del pecado a hijos, y de rechazados a amados. No hay nada más transformador que estar en paz con Dios porque, a partir de ese momento, tenemos una relación real y cercana con Él como nuestro Consolador, Refugio, Consejero, Salvador y Amigo. Esta es la razón por la cual, cuando tenemos paz con Dios, también podemos experimentar la paz de Dios todos nuestros días.

La sangre de Su cruz nos abrió un camino de regreso al Padre. Jesús trazó con Su sangre una senda para nosotros hacia Dios y, por lo tanto, hacia la paz verdadera. Al disfrutar de una relación correcta con Dios, nos convertimos en beneficiarios de todas Sus bendiciones y promesas (2 Cor. 1:20-23; Ef. 1:3). Al estar en Cristo, nos hacemos poseedores de una esperanza viva y firme que nos mantiene en paz, aun cuando todo parece desmoronarse. Dado que la paz de los cristianos reside en el carácter inmutable de Dios, esta paz es firme y sobrepasa todo entendimiento (Fil. 4:7). No podemos encontrar este tipo de paz en el mundo, ya que el mundo nos ofrece una paz ficticia basada en nuestras expectativas y situaciones cambiantes. La paz verdadera proviene de saber que, aunque todo cambie a nuestro alrededor, nuestro Dios no tiene sombra de variación (Sant. 1:17) y está a nuestro favor.

Es probable que haya una guerra en tu mente y corazón, y puede que hayas intentado descansar de ella poniendo tu confianza en una pareja, un proyecto, un sueño o en ti misma. Quizás te sientas frustrada porque nada parece darte el descanso que tu alma tanto necesita. Si te sientes así, déjame decirte que yo también estuve en tu lugar y llegué a la misma conclusión que Agustín de Hipona: «nos has hecho para ti y nuestro corazón está inquieto hasta que descanse en ti».[1]

No lo olvides, el camino a la paz es el camino de la reconciliación con Dios. Necesitamos estar en paz con Dios para poder experimentar la paz de Dios. Jamás encontraremos la paz divina por nuestros propios medios. Cristo es el Príncipe de Paz; ven a Él, confía en Él y deja que Su paz llene tu vida. Él ya

---

1. Agustín de Hipona, *Confesiones*, Trad. Ángel Custodio Vega Rodríguez, rev. José Rodríguez Díez. (I,I,1), *«Infancia y niñez de Agustín en Tagaste y Madaura», Cap. 1, «Invocación al Señor»*. Último acceso: 26 de septiembre de 2024. https://www.augustinus.it/spagnolo/confessioni/conf_01.htm.

hizo todo posible por medio de la sangre de Su cruz, solo ven a Él en arrepentimiento y fe, y encuentra el descanso para tu alma.

> Venid a mí todos los que estáis trabajados
> y cargados, y yo os haré descansar
> (Mat.11:28).

Día 30

Un tratamiento preventivo para el corazón

Jemima Dávila

Lectura de hoy: 1 Pedro 1

Estoy muy feliz de que hayas llegado al día 30 de este grupo de devocionales y, para introducir mi tema, te contaré un pedazo de mi historia. Recuerdo que tenía alrededor de tres años la primera vez que experimenté lo que ahora se conoce como «ataque de pánico», y a partir de ese momento fue una situación continua hasta mis quince años, momento en el que mi cuerpo se paralizó de forma parcial. Pero los doctores no encontraron una razón física «aparente»

hasta cerca de mis treinta cuando una noche un dolor intenso me despertó. Mis piernas estaban paralizadas, los doctores detectaron una posible «bradicardia sinusal». Un sinnúmero de emociones y pensamientos me llevaron a dolerme por lo físico y batallar con mi propio ser espiritual. Tener una explicación para mi afección corporal me dio mucho ánimo, pero saber que no podría corregirse con una dosis de medicamentos puso en jaque mi comportamiento espiritual. Fue en los momentos más bajos de mis propios pensamientos donde el valor del carácter del Señor y la eternidad cobraron sentido trayendo paz a mi corazón.[1]

Mi condición física ameritaba un tratamiento preventivo, pero no correctivo. Es decir, mi estilo de vida debía cambiar radicalmente, porque no hay medicamento ni cura para mi problema. Aún hoy sigo tratando de ser buena amiga de mis «factores preventivos»: hacer ejercicio, comer saludable, cuidar el peso, presión arterial y colesterol, no consumir sustancias, controlar el estrés, y continuar con las visitas al médico.[2] Y la verdad es que suena más sencillo de lo que es. Por eso no puedo evitar asociar lo físico con lo espiritual. ¿Sabías que la búsqueda de la paz no es imposible, pero requiere disciplina? Por eso hoy quiero hablarte de esa disciplina o lo que he titulado «el tratamiento preventivo del corazón».

---

1. 1 Corintios 15:42-58 tiene una descripción más precisa de la transformación del creyente.
2. https://www.mayoclinic.org/es/diseases-conditions/bradycardia/symptoms-causes/syc-20355474.

Antes de pasar a cómo luce la disciplina, debo recopilar lo que has leído en los pasados veintinueve devocionales en un pequeño resumen. El ser humano camina diariamente hacia su destrucción porque vive en un mundo caído y pecamos en contra de Dios y unos contra los otros. Y así como el sufrimiento puede ser causado por vivir en un mundo pecaminoso, por el pecado de otros o por el propio pecado, de igual forma la paz halla sus enemigos en esas tres áreas. Puedo ver cómo el lidiar con la condición caída de mis pensamientos, emociones, y valores puede ser frustrante.[3] Y mientras que algunas de nosotras enfrentamos un problema físico, la verdad es que todos los seres humanos luchamos con este problema espiritual. La batalla con el pecado en mi corazón es más importante y peligrosa que una frecuencia cardíaca inestable. La ansiedad, el sufrimiento, la depresión, los ataques de pánico, la ira, el deseo insaciable de control y más son parte de nuestra naturaleza caída. Como ninguno de nosotros puede hacer nada para cambiarlo, Dios, en Su infinita misericordia, envió a Cristo para darnos un nuevo corazón (1 Ped. 1:3-4). En Cristo hemos recibido el tratamiento correctivo de nuestro corazón espiritual. Adquirimos un trasplante de corazón en Cristo, a través de la fe en Él, gracias a la obra del Espíritu Santo. Y aunque estamos a la espera de la restauración futura de nuestro cuerpo físico, la

---

3. Génesis 3, Mateo 15:19-21 y Romanos 1 poseen una referencia más amplia.

restauración de lo espiritual es presente, diaria, y luce más como un tratamiento preventivo, ¿me sigues?

Entonces, ¿cómo luce el tratamiento preventivo —disciplina— del corazón? Con un nuevo corazón espiritual empezamos a percibir y entender la realidad en la que vivimos a través de la verdad de las Escrituras. El Espíritu Santo nos guía a lo que llamamos «comprender nuestra experiencia humana». Esto sucede mientras aún enfrentamos miedos, sufrimiento y pensamientos complejos, y vemos cómo esta dinámica del corazón afecta nuestro cuerpo físico, aquello que los médicos suelen llamar «estrés». Lo cierto es que somos seres tanto físicos como espirituales perfectamente entrelazados. Por eso la fe en Cristo, nuestra nueva identidad y la aplicación de la disciplina bíblica son claves para encontrar la paz que nuestra alma necesita porque la enfoca en Su creador y Su realidad eterna (1 Ped. 1:4).

Varios devocionales en este libro, por ejemplo, la lectura de Filipenses 4, te han guiado en la búsqueda de la paz.[4] Y probablemente lo que leas será solo un recordatorio de los pasados días, pero no te preocupes, simplemente camina conmigo a través del tratamiento preventivo del corazón y reconsidera tu vida diaria con honestidad.

---

4. De Benítez, Liliana. *Mi paz es Cristo*. Día 28 del presente devocional de 30 días, Filipenses 4.

1. *Haz ejercicio*, ejercítate en la piedad.[5] Al experimentar un sinnúmero de emociones, sentimientos, pensamientos y valores te verás ante el dilema de decidir entre dos formas de vida: una vida esclavizada al ahora o una vida enfocada en la eternidad. Nuestros sentimientos, emociones, pensamientos y valores son reales y habitan en nuestro corazón, pero no son verdaderos si contradicen la Palabra de Dios. Invierte tiempo en corregir cada uno de ellos según la verdad de las Escrituras.

2. *Come saludable*, asegúrate de no matar de hambre a tu alma. Aliméntate con la verdad, busca al Señor en Su Palabra y en oración. Muchas veces no es la cantidad de tiempo que le dedicas en una sentada, sino la frecuencia con la que vives conscientemente delante del Señor durante todo el día.

3. *Cuida tu peso, presión arterial y colesterol*, hazte la pregunta ¿qué está consumiendo mi cerebro todos los días? Ten cuidado con la «comida rápida» de las redes sociales que a veces incrementan pensamientos y emociones innecesarias. Recuerda que acumular desechos en tu alma te imposibilita responder de manera efectiva y bíblica ante situaciones difíciles.

---

5. 1 Timoteo 4:8. Aunque Pablo dirige su carta a un pastor (Timoteo), este pasaje tiene un principio para los creyentes.

4. *No consumir sustancias.* ¿Te ha pasado que cuando buscas un consejo, muchas veces lo haces de personas que te darán la razón? Consciente o inconscientemente estamos comprometidos con nuestra propia opinión. Te animo a congregarte en la iglesia local y cultivar un corazón enseñable. Gálatas 5:22-23 provee una lista que te ayudará a distinguir la madurez espiritual de las personas que crecen contigo dentro de tu iglesia local.

5. *Controlar el estrés.* No sé tú, pero este punto siempre me hace pensar en un irónico «sí, claro». Con los años he descubierto que muchas veces el estrés llega sin ser invitado. Entonces ¿qué hacemos? Bueno, seamos honestas con nosotras mismas, «el que mucho abarca poco aprieta». Tenemos limitaciones y eso no nos hace menos capaces o con menor valor. Debemos pedir ayuda, reconocer nuestra capacidad y limitaciones como seres humanos. Si Dios en Su sabiduría no me deja saber y controlar el futuro es porque no me compete y tampoco lo haré bien. Recuerda, tu Padre Celestial cuida de ti. Toma tiempos de descanso, utiliza el ayuno para dedicarte a la oración, entrena a tu alma para reconocer a su Señor.

6. *Continuar con las visitas al médico.* Visita al Médico. El profeta dice algo muy cierto en Isaías 26:3: «Tú guardarás en completa paz a aquel cuyo pensamiento en ti persevera; porque

en ti ha confiado». ¿Conoces a tu Creador, Señor, Padre, Rey, Salvador, Consejero? ¿Sabes de los atributos, características y funciones que las tres personas de la Trinidad poseen? Créeme, eso transformará completamente tu perspectiva del ahora y lo eterno.

Estos seis puntos solamente resumen los medios de gracia o disciplinas espirituales –como en realidad se los conoce–, los cuales han sido provistos por el Señor para hallarlo a Él, y al encontrarlo, hallar la paz que realmente necesitas. Pedro dice que entender nuestra salvación y el futuro de nuestra alma, sabiendo que el poder de Dios mediante la fe tiene la capacidad de llevarnos a la eternidad con Él, trae verdadero gozo, aún en medio del dolor y la aflicción, porque entendemos que nuestra fe está siendo probada como el oro. La prueba de nuestra fe traerá alabanza, gloria y honra a nuestro Señor (1 Ped. 1:6-7), sabiendo que el fin de nuestra fe no es cambiar nuestras circunstancias presentes ni brindar seguridad y comodidad a nuestro presente sino la eterna salvación de nuestra alma (1 Ped. 1:9).

Un diagnóstico médico, un problema económico, una crisis laboral, un conflicto relacional y aun recibir el pecado de otros en nuestra contra no es el final de la historia. Tu pecado no es el final de tu historia. Y esta historia no termina el día de tu muerte. Entonces, vive hoy con tus ojos puestos en la eternidad, porque este no es tu hogar, ni tu identidad. Con gozo camina esta peregrinación sabiendo que tu mayor problema ya fue solucionado. No te espera la condenación eterna. Cristo vino, murió, resucitó y reina, y creyendo en Él, nuestra fe y esperanza están seguras en Dios (1 Ped. 1:19-21).

> ...elegidos según la presciencia de Dios Padre en santificación del Espíritu, para obedecer y ser rociados con la sangre de Jesucristo: Gracia y paz os sean multiplicadas
> 1 Pedro 1:2.

Notas

Sé parte de una comunidad de mujeres de fe y verdad con los recursos Lifeway Mujeres.

B&H ESPAÑOL

9781535998000

9781433613999

9781087751467

9781087756967

9781087734132

9781087736945

9781087756318

Lifeway mujeres

LifewayMujeres.com